Jens-Kugler-Verlag

Kleinvoigtsberg/Sa.

AF196332

Will das Recept nicht schlagen an

Und die Juristerei vergahn,

Und dir will keine Predigt glüken,

So nehmt die Ränzel auf den Rüken,

Sagt euren Freunden „Gott befohlen"!

Und macht Euch fröhlich auf die Sohlen.

Petra Stephan, Winfried Stephan

Bericht einer Reise von Thüringen durch Sachsen bis nach Böhmen im Jahr 1823

Akten und Berichte vom sächsischen Bergbau – Heft 53

.

Umschlag:	Ansicht von Dresden über die Augustusbrücke - Ausschnitt (um 1850)
Abschrift:	Ilse Zahn (1953)
Bearbeitung:	Petra, Stephan; Winfried Stephan (2017)

© 2018 Jens-Kugler-Verlag

ISSN	1436 - 0985
Paperback	978-3-7439-4313-1
Hardcover	978-3-7439-4314-8
e-Book	978-3-7439-4315-5

Verlag und Druck: tredition GmbH, Halenreie 40-44, 22359 Hamburg

Inhaltsverzeichnis

Vorwort: Geschichte einer Reise(beschreibung) von Winfried Stephan geschrieben 2017

Als diese Reisebeschreibung vor 200 Jahren entstand, waren Reisen, insbesondere Forschungsreisen, sehr in der Mode. ALEXANDER VON HUMBOLDT reiste, um die „Welt zu vermessen". MAXIMILIAN ZU WIED-NEUWIED unternahm seine Entdeckungsreisen nach Süd- und Nordamerika, um das Leben der Ureinwohner zu dokumentieren. JOHANN WOLFGANG VON GOETHE hatte seine Italienreise zwar schon früher unternommen, schrieb sie aber erst zwischen 1813 und 1817 auf. JOHANN GOTTFRIED SEUME „spazierte" 1801 und 1802 nach Syrakus und ließ uns durch seine Beschreibung mit daran teilnehmen.

In der Reihe dieser Reisen nimmt sich eine „Wanderung vom Fallthor in Niederzimmern bis zum Prebischthor in Böhmen und zurük" deutlich bescheidener aus. Dennoch vermittelt uns deren Beschreibung noch heute eine Vielzahl eindrucksvoller Impressionen. Ganz dem Geiste der Romantik verpflichtet finden sich schwärmerische Landschaftsbeschreibungen, insbesondere der sächsischen Schweiz. Orte werden lebendig, die heute so oder überhaupt nicht mehr existieren. Teilweise sehr launige Beschreibungen geben Einblick in das kulturelle Leben jener Zeit. Sie lassen uns u. a. teilhaben an einer Aufführung des „Freischütz" unter Leitung des Komponisten CARL MARIA VON WEBER, an einem evangelischen und einem katholischen Gottesdienst oder an Museumsbesuchen in Dresden und auch an einer Tanzveranstaltung in Altenburg. Dabei werden auf das durchschimmernde Standesdenken, den Bildungsdünkel der Studierten für uns heute oft ungewohnte und amüsante Schlaglichter geworfen. Während des Besuchs der Bergstadt Freiberg kann man die Einfahrt in ein Bergwerk miterleben und stößt dort auch auf die erste Dampfmaschine. Aufschlussreiches findet sich ebenso zum Leben der Leute entlang der gewählten Route wie auch zu den damaligen Möglichkeiten des Reisens. Aus der Art der Sprache, in der die Beschreibung verfasst ist, ergeben sich für heutige Leser besondere Reize, aber auch zusätzliche Mühen. Im Denken und in unseren Äußerungen haben wir eben doch die Romantik hinter uns gelassen.

Diese Reise hatten drei junge Männer aus Thüringen unternommen. Einer davon, der diese Reise dann auch beschrieb, ist FRIEDRICH CHRISTIAN LOSSIUS, ein Pfarrer aus Niederzimmern und mein Urururgroßvater. Die alte Reisebeschreibung entdeckte ich im Nachlass meiner Mutter ELSBETH STEPHAN, geborene Lossius. Ich stieß auf einen unscheinbaren Ordner mit fragilen Seiten. Es war eng beschriebenes Durchschlagspapier, wie es in meiner Jugend für die Erzeugung von Kopien verwendet wurde. Mit einer Schreibmaschine konnten so fünf bis sechs Durchschläge, also Kopien, hergestellt werden. Das Erbstück entpuppte sich als eine Abschrift der Beschreibung eben dieser Wanderung durch Thüringen und Sachsen im Jahre 1823.

Das Original fand sich leider nirgends. Höchstwahrscheinlich ist auch die vorliegende Kopie die einzige, die noch erhalten geblieben ist. So entstand natürlich sofort die Frage nach der Verbürgtheit der Reise und nach der Echtheit der mit 1953 datierten Abschrift. Die Existenz der zwei Lossius-Wanderburschen lässt sich anhand des Familienstammbaums gut belegen. Auch die geschilderte Reiseroute, die kontaktierten Personen sowie einige der erwähnten Ereignisse lassen sich mit Hilfe von Onlinerecherchen noch heute erstaunlich gut nachvollziehen. Nicht zuletzt vermittelt die benutzte Sprache, die Grammatik wie auch die Wortwahl, Authentizität. Und was die Abschrift betrifft, so erinnerte ich mich, dass im Sommer 1968 bei uns in Erfurt plötzlich eine Tante Ilse aus Westdeutschland, aus Hannover, auftauchte. Vermutlich hat sie bei diesem oder folgenden Kontakten diese Abschrift und andere Unterlagen meinen Eltern übergeben. Mich hatte das damals wenig tangiert, denn ich begann mein Mathematikstudium in Karl-Marx-Stadt (heute wieder Chemnitz), war deshalb nur noch besuchsweise zu Hause und hatte zudem als 18-Jähriger völlig andere Interessen. Wenn man diesen Unterlagen glauben darf, fertigte Tante Ilse, mit vollem Namen ILSE ZAHN, als Lehrerin tätig, die Abschrift mit viel Mühe an (→ Einführung). Sie hoffte, einen Verleger zu finden und das Manuskript als Buch herauszugeben. Leider ist ihr das nicht gelungen, wie die abschlägige Antwort eines Verlegers in den aufgefundenen Unterlagen belegt.

Inzwischen sind 65 Jahre vergangen. Heute gibt es ganz andere Möglichkeiten für eine Herausgabe. So lohnt sich ein zweiter Anlauf. Nicht nur für die Familie sollte dieser Schatz bewahrt und weitergegeben werden. Wer hat schon die Möglichkeit - zumindest punktuell - zu erfahren, wie und wo seine Vorfahren vor etwa 200 Jahren lebten, was ihnen widerfuhr und was und wie sie dachten. Ob die Lektüre auch für andere Leser interessant und lesenswert ist, müssen sie dann selbst herausfinden.

Ilse Zahn hielt sich nach meinem Verständnis bei ihrer Abschrift 1953 weitgehend an die um 1823/24 übliche, nicht unbedingt geregelte Schreibweise und Grammatik. Um dem weitgehend treu zu bleiben, übernahm ich die vorgefundene Rechtschreibung und Grammatik (z.B. „k" anstelle von „ck", „ß" anstelle von „ss", „Gallerie" anstelle von „Galerie", „Thor" anstelle von „Tor" usw.). Offensichtliche Tippfehler verbesserte ich. Auffällig sind im Manuskript viele lange und verschachtelte Sätze, die für uns heute nicht so leicht lesbar sind. An einigen Stellen änderte ich deshalb vorsichtig die Interpunktion. Wortschatz und manche Formulierungen wirken aus heutiger Sicht ebenfalls fremd und sind mitunter kaum oder nicht verständlich. Deshalb fügte ich ein „Register ungebräuchlicher Bezeichnungen" hinzu. Die Formulierungen behielt ich aber weitestgehend bei, sie sichern den Reiz des Lesens.

Um den geistigen Gewinn beim Lesen zu steigern, stellte ich im „Register historischer Personen" Informationen zu Personen der Zeitgeschichte zusammen, welche die Wanderer auf ihrer Reise trafen. Überraschend viele sind in Wikipedia oder anderen Online-Registern zu finden. In das „Register Ortsbezeichnungen" nahm ich nur solche Orte auf, deren Namen sich geändert haben oder die heute nicht mehr existent sind.

Einführung: Es zogen drei Burschen
von Ilse Zahn verfasst 1953

Personen

Die Reisenden:
FRIEDRICH CHRISTIAN LOSSIUS [1] (geb. 1798) der Autor, der Pastor, der Blaurock, der Vicar of Cimmern, Odysseus und Ulyß
CARL LOSSIUS (geb.1798) der Conrektor, der Präzeptor, der Candidat CATECHET, der Vetter
EDUARD HELMERSHAUSEN (etwas jünger) der Hofadvokat, der edle Ritter

Der besuchte Freund:
CARL GROH Kommilitone aus Jena

Zeitweise stoßen noch weitere Wanderer zu dieser Gruppe:
Die beiden Mädchen sind vermutlich EMILIE HOFFMANN, die im Dezember 1824 die Braut des Blaurocks wurde, und deren Schwester PAULINE.

Zur Zeit der Wanderung ist das sehnsüchtige Herz des jungen Pfarrers, von der Verwundung durch eine unerwiderte Liebe genesen, noch frei, wie seine schweifenden Blicke und Gedanken unschwer erkennen lassen. Doch scheint er in den Wintermonaten, in denen das Buch entstand, bereits zu wissen, wer ihn „zum Vater" machen wird.

Wer im August des Jahres 1823 den drei jungen Männern begegnete, die auf thüringischen und sächsischen Landstraßen dem Erzgebirge zu wanderten, hielt sie wegen ihres Übermutes und ihrer Necklust für „Jenenser", Studenten aus Jena, die in etwas abenteuerlicher Gewandung, den Ziegenhainer [UB1] in der Hand und ein akademisches oder militärisches „Ränzel" auf dem Rücken, den Staub der Hörsäle für die Dauer einiger ferienseliger Tage mit der hochsommerlichen Natur vertauscht hatten. Und doch war jeder von ihnen seit einigen Jahren in Amt und Würden und in den strengen Pflichtenkreis eines verantwortungsvollen Berufs gepreßt. Das etwas wehmütige Bewußtsein des nunmehr unabänderlichen Philisteriums hatte in ihnen den

---

[1] Aus der Ahnentafel im Nachlass geht hervor, dass das mein Urururgroßvater ist und Emilie Hoffmann tatsächlich seine Ehefrau wurde.

Wunsch erweckt, nach längerer Trennung – nur die Vettern sahen sich häufig – eine gemeinschaftliche Wanderung zu unternehmen, auf der sie in der Erinnerung an die fröhliche, von ersten Studien und überschwänglicher Freundschaft erfüllte Zeit die alte Burschenherrlichkeit noch einmal aufleben ließen.

Carl Groh, dem seine junge ärztliche Praxis die Teilnahme nicht erlaubt hatte, wurde in Glauchau im Hause seiner verwitweten Mutter aufgesucht. Er und Fritz Lossius waren Herzensfreunde und so innig verbunden, daß der dritte im Bund, der „edle Ritter", etwas außerhalb stand, wie ein späterer Brief Grohs verrät. Der Blaurock drückt die feine Abstufung dieser Freundesbeziehungen einige Jahre früher so aus, daß er Groh „wie eine Braut", Helmershausen „wie eine Geliebte" liebe. Daran erkenne ich, fährt er fort, "daß ich noch kein Weib geliebt habe!".

Alle vier hatten 1816 die Universität Jena bezogen, und die bescheidenen Buden, die ihre kargen Wechsel ihnen gestatteten, hatten manche hitzige Disputation dieser „genialischen" Jünglinge erlebt, waren Zeugen ihres Schwärmens gewesen. Fritz hatte siebzehnjährig als freiwilliger Lützowscher Jäger [HP1] den Feldzug von 1815 mitgemacht, aus dem er zwar keine ehrenvollen Narben, wohl aber die Krätze heimbrachte, weswegen er von seinen Freunden weidlich geneckt wurde. Auch das Wartburgfest im Jahre 1817 hatten sie alle miterlebt, doch standen zumindest die „Lossier" der späteren Entwicklung der Burschenschaft ablehnend gegenüber [HP1]. Beide waren sie Abkömmlinge uralter thüringischer und sächsischer Pfarrergeschlechter. Voller Stolz führten die väterlichen Ahnen ihre Abstammung auf böhmische Hussiten zurück, die um ihres Glaubens willen einst nach Grünhain ins sächsische Erzgebirge geflüchtet waren.

Der bedeutendste aus der Familie war des Vetters Vater KASPAR FRIEDRICH LOSSIUS[2] (1753 - 1817). Verfasser des weit verbreiteten Kinderbuches „Gumal und Lina", der in fast jedem Haus der damaligen Zeit befindlichen „Moralische Bilderbibel", des Buchs „Historischer Bildersaal" u.a.

---

[2] Hier findet sich die Begründung, warum Kaspar Friedrich Lossius in [HP22] durch ausführlichere biografische Daten herausgehoben ist. Er ist der Vater von Carl und der Onkel von Friedrich Christian Lossius. Durch den Inhalt der Quelle wird auch die Plausibilität der vorliegenden Aufzeichnungen gestützt.

KASPAR FRIEDRICH´s jüngster Bruder (1760-1819) RUDOLF CHRISTOPH, der Vater des Blaurocks eine Art thüringischer „Vicar of Wakefield", hatte sich auch, allerdings mit geringem Erfolg, schriftstellerisch betätigt und ein an Sorgen nicht eben armes Leben geführt.

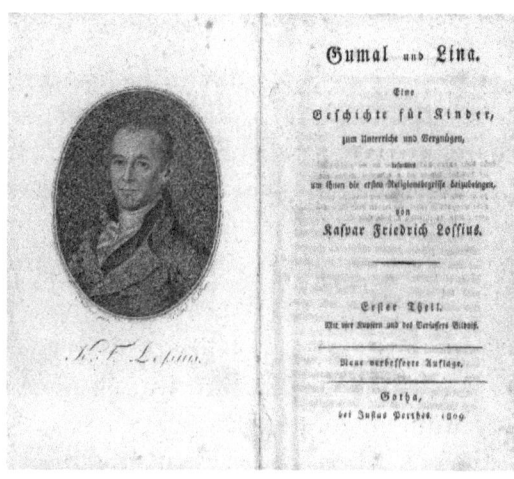

K. F. Lossius: Gumal und Lina. Eine Geschichte für Kinder zum Unterricht und Vergnügen., Gotha 1809

Ach, sie hatten eigentlich alle ihre Sorgen! Die Zeit nach den Freiheitskriegen war eine sehr arme, und Helmershausen, der Jurist, hat ebenso mit ihnen zu kämpfen wie der Arzt GROH, der den Landpfarrer mit den winzigen Einnahmen um die Sicherheit dieser Einkünfte beneidet.

Und doch hat man keineswegs den Eindruck, daß die Reisenden geknausert hätten! Lange haben sie gespart, diese Lebenskünstler, „um aufgehen zu lassen, was aufgehen will!" Als Fritz vier Jahre zuvor aus Geldmangel eine Einladung zu GROH ausschlagen muß, schreibt er: „So wenig es mir schwerfallen sollte, an einem Werkeltage den ganzen Tag Holz zu spalten und citel Brot zu essen, so unmöglich wäre es mir zu reisen, d.h. mich im Besitz aller Wiesen, Wälder, Schweinskoben und Paläste, die mir vor Augen kommen, zu fühlen, wenn ich nicht wie ein Prinz aufgehen lassen könnte, was aufgehen will. Kann ich auf der Reise nicht die wunderlichsten Neigungen, Appetite und Begierden stillen, so komme ich mir vor wie ein Landstreicher und sehe mich immer ängstlich um, ob nicht ein Gendarm kommt, der mich auf den Schub nach Tonndorf bringen läßt."

Der Reisebericht brachte seinem Autor hohes Lob ein und machte in den folgenden Jahren mehrmals die Runde im Kreise der Freunde. Helmershausen liest ihn seiner in langer Krankheit dahinsiechenden geliebten Schwester ADELHEID vor und nennt ihn ihre letzte Freude. Der jungverheiratete Groh, der inzwischen als Leibarzt des im Buch erwähnten Grafen nach Schloß Wechselburg bei Rochlitz gezogen ist, bittet sich das Buch aus, um es in seiner

Familie vorzulesen, und fleht ihn an, es von irgend einer mildtätigen Hand vollends abschreiben zu lassen, da sie nicht weitergekommen seien als: „Wir gaben dem diensteifrigen Stallknecht gern einige Groschen und wurden von ihm bis an den Eingang der Gemäldegalerie begleitet."

Es bedeutet der heutigen Abschreiberin, die des Blaurocks Urenkelin ist, eine große Genugtuung, daß sie diese mühselige Arbeit, wenn auch oft seufzend, ganz allein vollbracht hat. Der Blaurock schrieb nämlich winzige Buchstaben, und kaum ist's zu glauben, daß er dazu eine selbstgeschnittene Gänsefeder benutzte. Sie werden nur durch die mikroskopisch kleinen, ätherischen Schriftzüge des Vetters übertroffen, dessen einige Jahrzehnte später eingetragenen Randbemerkungen, meist die fernere Entwicklung der bereisten Orte betreffend, nicht einmal für die kummergewohnten Augen der Abschreiberin lesbar sind.

Der lehrhafte Präzeptor überlebte alle Freunde. Er starb im Jahre 1877[3] zu Gispersleben, wo er seit 1828 amtiert hatte. Der fröhliche Blaurock war als erster mit kaum 45 Jahren auf die letzte Wanderung gegangen. Die schlichten Zeilen, die der einsame alte Mann am Ende seines Lebens in das Büchlein schrieb, dessen Einband aus grünem biedermeierlichen Glanzpapier inzwischen verblaßt und abgegriffen war, lauten:

> *Es zogen drei Burschen - zwar nicht an den Rhein,*
> *Und bei einem vierten, da kehrten sie ein.*
> *Sie machten sich wohlgemut auf die Schuh*
> *und wanderten fröhlich der Elbe zu.*
>
> *Euch, ihr beiden lieben Reisegefährten,*
> *die ihr längst nun schon den Wanderstab niedergelegt habt*
> *und nicht mehr Pilgrime seid - euch grüßt freundlich*
> *in seliger Rückerinnerung und froher Hoffnung*
>
> *der noch allein übrig Gebliebene*
> *und weiht eurem Andenken diese Zeilen.*
>
> *Carl Lossius.*

---

[3] In [HP22] ist als Todesjahr 1880 genannt.

Vorrede von 1823

Was mich, verehrte Freundinnen, auf den seltsamen Gedanken gebracht hat, Euch diese handschriftliche Reise vorzulegen, ist die angenehme Erwartung, Ihr werdet sie nicht lesen, wie könnte ich Euch das zumuthen? – sondern es werde sich irgend eine gute Seele finden, die bekannt mit unseres Autors Schriftzügen ist, Euch den Innhalt dieser Blätter vorlesend mittheilt. Ihr sitzt strickend dabei, lächelt bisweilen dem Vorleser zulieb', bittet hie und da um Erlaubnis ihn zu unterbrechen und ein eben nöthiges häusliches Geschäft besorgen zu dürfen, kommt wieder, bittet gütig fortzufahren, hört achtsam zu, und schenkt lächelnd des Vorlesers noch nicht leeres Weinglas wieder voll. Ob Euch Innhalt und Manier gefällt? Das ist die Frage! Der Autor hat seinen schwachen Seiten, ist etwas weitschweifig, gesuchtwitzig u.s.w. Nun, drükt in solchen Fällen das Ohr zu, und erinnert Euch daran, daß die Lateiner auf deutsch sagen: „Auch der gute Homer macht ja bisweilen ein Witzchen".

Einigen Dank hoffe ich bei Euch, liebe Reisegefährten, zu verdienen, nicht als schmeichelt' ich mir, die Beschreibung werde Euch gefallen, sondern weil sie Euch Gelegenheit giebt, Euch das, was sie nur flüchtig oder gar nicht andeutet, zu vergegenwärtigen. Es ist immer angenehm, mehr zu wißen als der Autor. Dies Angenehme werdet Ihr oft empfinden. Tritt Euch beim Lesen das Bild unserer gemeinschaftlichen Wanderung vollständiger vor die Seele, so ist die Mühe, die ich darauf wendete, hinlänglich belohnt.

Einen Hauptfehler hat diese Beschreibung, ungeachtet er vermieden werden sollte, nämlich der, daß der Schreiber als Hauptperson erscheint, was er nicht war und nicht seyn wollte. Jeder hatte seine Scene, in der er als Hauptperson auftrat. Auch würde die Darstellung weit größeres Intreße haben, wenn sie mit Eurem poßirlichen und sinnreichen Einfällen reichlicher gewürzt wäre. Allein geschweige, daß es immer schwer ist, eines anderen Gedanken, in so fern er in naher Beziehung auf das Gegenwärtige stehend, bald durch das unerwartet Hervorblitzende, bald durch den ihn begleitenden Ton und Geste Reiz und Leben gewann, so wiederzugeben, daß er den späteren Leser gleichfalls anspreche. So ist es ja fast unmöglich, alles zu merken, was andere sagten und thaten. Drängt sich doch in des Schreibers Seele neben den

Gedanken, den er früher hatte, leicht ein späterer, fremder ein. Was erst Anschaun, Empfindung war, wird später Reflexion. Dies zur Entschuldigung der erwähnten und einiger anderer Mängel, die ihr leichter bemerken werdet, als der Freund und die Freundinnen, in deren Begleitung wir zum zweiten Mal diese Reise machen.

Mehr denn einmal, o Groh, o medice medicorum, o Doctor, o alter Haus- und Quasistuben-Bursch, habe ich angestanden, Deinen illustern Namen an die Stirn dieses Manuskripts zu setzen, Dir - Dir zu erlauben es zu lesen. Nicht als fühlt' ich diese leichtsinnigen Blätter entsprächen dem Ernst unserer Freundschaft nicht. Das wäre sehr schön und gewißermaßen auch richtig gesagt. Aber lieber Himmel! Haben wir nicht auch manchen Spaß gemacht, Alter, wenn wir friedlich und gemüthlig in der Gerhardei saßen, den halben Hering nochmals theilten und zu drei Aepfeln verzehrten? Haben wir uns da nicht oft gewundert und gefreut, daß wir ernsthafte Subjekte noch so leichtfertig und fröhlich seyn könnten und aus Kleinlichkeiten einen guten, attischen Witz [UB2] zu fabriziren verständen? Wenn nun vollends der edle Ritter mit dem Ausruf „Gegensätze müßen seyn" wild hereinstürzte, den einen da, den anderen dorthin warf und mit seinen grimmigen Händen zerknetete, die stille Stube in ein polterndes, schallendes Lachhaus verwandelte, haben wir uns da nicht oft bekannt, Gegensätze müßen seyn, mit dem Ernst müße der Leichtsinn wechseln, und dieser werde uns hoffentlich nie ganz verlaßen. Hier siehst Du ihn wieder, den alten in neuer Gestalt, hier die alten Freunde fröhlich wie zuvor, und immer noch wie sonst die feine Linie des Sittlichen beachtend. Wir haben Dich oft vermißt, öfter Dich nah gefühlt. Lies und versetze Dich unter uns. Doch ich bin ein wenig aus der Construction gefallen. Ich sagte, ich habe oft angestanden Dir diese Blätter vorzulegen. Lies also getrost, Bursche, es ist doch alles wahr, nicht wahr?

Nun könnte ich anfangen, den vierten August pp. Aber ich kann's nicht ohne noch ein Wort an Euch, verehrte Freundinnen, über den Zaun der Lippen schlüpfen zu laßen. Stellt Euch vor, diese drei obengenannten Herren, alles gelehrte, gescheidte, scharfsinnige, tiefsinnige philosophische Köpfe, zerbrechen sich die Köpfe, wer Ihr seyd? – Sie rathen hier und dorthin und finden keinen gewißen Grund. Wollen wir's sagen? – Nein, wir schweigen, wie stumm. Nicht eher sollen sie es erfahren, als bis mich die eine zum Gevatter [UB3], die andere zu Vater macht.

Erstes Capitel: Altenburg

Den vierten August 1823 früh halb fünf Uhr wanderten wir drei, der Hofadvocat, Carl und ich, die militärischen und akademischen Ranzen auf dem Naken, neben dem unberühmten Fallthor (dasselbe führt seinen Namen nicht etwa daher, daß es einfallen will, was der Fall ist, sondern von einem anderen Umstande, den ich nicht kenne [OR1]) links zum Dorfe Zimmern infra hinaus [OR2]. Der Morgen war angenehm, und wir schritten wohlgemuth und eine glükliche Reise ahnend dem Grenzbache entlang, dann auf dem langen Raine nach Weimar zu. Jeder freute sich einen Lieblingswunsch erfüllt zu sehen. Auch war uns wohl allen eine Wanderung wie die bevorstehende nöthig; in wie weit dem munteren, liebenden Helmershausen, mag ich nicht entscheiden, meinem Vetter unstreitig am meisten, wie mich sein blaßes Gesicht und der Präceptorton, in welchem er bisweilen zu mir redete, vermuthen ließ. Aber auch ich bedurfte einer aufmunternden Reise und in solcher Gesellschaft. Der Vetter ist mir durch langes Zusammenleben verbrüdert, und auf Reisen ergözt mich seine Liebe zu Naturschönheiten und die Manier, sich über sie auszusprechen. Helmershausen ist mir als Freund und Mensch bekanntlich sehr werth, und daß er die Wanderung mitmachte, stellte ihn in meinen Augen noch höher. Ich glaubte nähmlich früher, er sey durch den Actenkram verphilistrirt und keine Gewalt im Stande ihn auf einige Zeit aus gewißen schönen Umgebungen zu ziehen, und doch schritt er jetzt im spanischen, blauen Kittel, mit meinem ehrwürdigen Schmachtriemen umgürtet, hastig vor mir her, der edle Ritter! Dann und wann ließ er seine schrekliche Stimme durch das Thal erschallen. Ihm folgte der Schreiber, dieser im veilchenblauen Überrok mit langer Taille und weiten, hellblauen Beinkleidern, einem Färbergesellen vergleichbar, und vor uns beiden mein Vetter, angethan mit einem schwarzen Rauchrok [UB4], gelben Nanquinhosen [UB5], mit dergleichen gewaltig langen Camaschen [UB6] einem ausgedienten österreichischen Feldwebel nicht unähnlich. (Dazu Helmershausens Randbemerkung zu dieser Stelle: Das hervorkeimende Schnauzbärtchen des mitreisenden Praeceptoris - um mich eines zwar etwas bestialischen, aber militairisch herkömmlichen Ausdrucks zu bedienen – bestimmt, die schulmeisterliche Physiognomie etwas zu verwildern und in der Fremde den geistlichen Stand anziehend zu verhüllen, hätte um so mehr einiger Erwähnung verdient, als es das Bild des österreichischen Feldwebels vervollkommnete und zugleich den burschikosen Sinn bezeichnete, in welchem der edle Conrector die Reise antrat.)

Wir kamen nach zwei Stunden in Weimar an, genoßen bei Wunders ein kleines Frühstück. Helmershausen kaufte sich eine neue stattliche Ypsilanti-Mütze, und ich erhielt die seinige, die ich durch einen wachstuchenen Überzug vor gänzlichem Verbleichen zu schützen suchte. Auf dem Weg nach Jena sprachen wir natürlich viel von unserer früheren Hausburschenschaft, und unsere Erinnerung, wie einst Freund Groh richtig bemerkte, verweilte gern und befriedigt bei den schönen Tagen unseres academischen Lebens. So stiegen wir in steigender Sonnenhitze - wie dankte ich es den Freunden, die mich abgehalten den schweren Castorhut [UB7] aufzusetzen – die ungewohnte Last des Ranzens fühlend, ins Mühlthal zur neuen Chaussee hinab. Je weiter wir gingen, je senkrechter fielen die Sonnenstrahlen, und wir mußten öfters ausruhen, um Athem zu schöpfen und uns zuzurufen, es sey entsetzlich heiß! Endlich kamen wir, es schlug gerade zwölf, in Jena an, kehrten im Gasthof zur Sonne ein, erquickten uns durch Schlaf, Speiße und Trank und verlebten in Gesellschaft einiger junger Freunde und des im Dienst der Gelehrsamkeit sich selbst allmählich antwortenden Kellners auf der verschönerten Rasenmühle und abends auf unserer Stube einige vergnügte Stunden.

(Daß wir die Zeugin früherer Freuden, die alte Gerhardsburg in Jena, nicht unbesucht ließen, versteht sich zwar von selbst, allein es hätte schon deshalb bemerkt werden können, um den Doctor pie venerander [UB8] von dem irdischen Hingang des alten Studentensandwirthes zu unterrichten. Man hatte ihn nach dem Bericht des schmächtigen Hannchens, welche inzwischen der Himmel noch mit mehreren Kindlein gesegnet, einige Tage vor unserer Ankunft zu Grabe getragen. Möge dem Philister das mancherlei Aergernis, das ihm der Burschen Übermuth hat oft zu Theil werden lassen, jenseits reichlich belohnt werden. Anm. des einen Recensenten.)

Tags darauf gegen vier Uhr griffen wir wieder zum Wanderstabe und gingen durch bekannte Thäler und Wiesen nach Roda. Freund Koch, aus dem Bette gejagt, gab beim Bärenwirth ein gutes Frühstück und begleitete uns die Anhöhe hinauf bis zur Schießhauswirthschaft. Der Weg nach Gera sey noch weit sagte er, und räthlich, sich dazu durch ein gutes Glas Bier zu stärken.

Meine beiden Gefährten folgten der Ermahnung willig, nachdem ich versucht, sie vom abermaligen Verweilen abzuhalten, und etwa 30 Schritte allein fortgegangen war, ging ich querfeldein ihnen nach, ward ausgelacht und mit vollem Bierglas bewillkomnet. Unter munterem Gespräch verging die Zeit, und es war gescheidt, daß wir einen jungen Burschen aus dem Städtchen zum Führer und Fahrer unserer Ranzen nahmen. Leicht, heiter und singend wanderten wir nun durch den Wald, gelangten dann zu einigen Dörfern und Feldfluren und wieder in den Schatten eines mehrstündigen Fichten- und Tannenwaldes. Mich fing indessen an zu hungern - wie ich denn auf Reisen einen lebhaften Appetit nicht verläugnen kann, und ich war heilfroh, als zur Stillung des Heishungers der Schubkärner sein frisches Brod mit mir theilte, und noch mehr, als der von Koch empfohlene Gasthof erschien. Der Eintritt in die mit einem gichtbrüchigen Wirth, einem Krämer, mehreren Fuhrleuten und Bauern, drei Baktrögen, einer knetenden Frau, der keifenden Grosmutter und vielen Kindern und Fliegen versehenen, nicht gerade reinlichen Wirthsstube erwekte kein gutes Vorurtheil. Alle etwaige Freundlichkeit der alten Mama, die das Dominium zu führen schien, verhinderte der Vetter durch den lauten und frommen Wunsch, der Himmel möchte ihn vor einer solchen Frau behüten! Der Hofadvocat verhielt sich leidend, oder vielmehr den Naken antik über den Tisch gelehnt, den Kopf in den Händen dämmernd. Ich schlich in die Küche, lobte das Mütterchen, um den üblen Eindruck, den meines Vetters Rede auf sie gemacht hatte, zu vermindern, und sah den Bratwürsten, die sie für uns aufs Feuer gesetzt, behaglich zu. Sie wurden aufgetragen. Da machte mich ihr Äußerers bedenklich; ich biß nicht zuerst ein. Der Herr Praeceptor wollte sich's aber schmeken laßen, als der Hofadvocat sie sauber häutete, fein zerlegte und erklärte, sie seyen voll gebratener Schaben. Der Appetit verging uns schnell, und nachdem wir einen zweideutigen Kaffee getrunken und alles theuer bezahlt hatten, gingen wir weiter.

Die Gegend war angenehm, Berg und Thal, Wald, Wiese und Feld wechselten miteinander ab, und das gehaltene Mittagsmahl gab jedem reichlichen Stoff, von schlechtem Eßen und Trinken und Schlafen in Gasthäusern zu reden. Wir wanderten jetzt durch einige fürstlich reußische Dörfer [OR3], unter anderem auch durch Klein-Saaren. Hier oder in Gros-Saaren [OR4] soll, wie wir von Groh später erfuhren, eine schöne Pfarrerstochter wohnen. Hätten wir das früher gewußt, ließen wir nicht leicht ein hübsches Mädchen vorübergehen, ohne ihr Gelegenheit zu geben uns ihre Stimme hören zu laßen. Wie hätten wir nicht einen kleinen Umweg oder einige Stunden Verzug daran wenden sollen, eine der reizenden Schönen dieses Landes kennen zu lernen! Zumahl, da ... Doch wir fühlten keinen Beruf, in alle Welt auszuposaunen, daß sich einer unserer Begleiter, der daheim ein großes, neugebautes Haus hat, dies und das schöne Sachsenland mit einer gewißen Nebenabsicht besah.

Von hier bis durch den ganzen erzgebirgischen Kreis, mit Ausnahme des fruchtbaren altenburgischen Landstrichs bemerkt man, wie mühsam und kärglich der Boden seine Frucht giebt, und es kam uns um so wunderlicher vor, daß sich die Landleute ihre ohnehin schmalen Äker noch mehr schmälern, durch Rasenraine, die zwischen jedem hinauflaufen. Was ihnen an Getreide fehlt, ersetzt zum Theil das Holz. Hochaufgeschichtet lag es vor ihren Wohnungen, deren erster Stok gewöhnlich aus wohlgefügten Balken erbaut war. Auch die Hofräume und Gärten waren von derben Staketen oder Holzwänden eingefaßt und diese letzteren so eingerichtet, daß sie, die Seulen bleiben stehen, aus den Fugen gehoben und leicht wieder eingelegt werden können. „Nicht wahr, ihr habt's gut unter eurem Herren?", fragte ich im Vorübergehen einen Schneidemüller. „I ja", sagte er lächelnd, „warum denn nicht?" „Nun", antwortete ich, „so gebt eure Steuern gerne!"

Gleich hier will ich der Weise gedenken, in der wir uns mit den Bewohnern des Landes unterhielten. Wir thaten mit allen bekannt und vertraut, wußten ihre Umstände, gaben guten Rath, ermahnten den einen zur Umkehr auf seinem lasterhaften Wege, thaten an die anderen Gewißensfragen, weissagten dem dritten gute Dinge, versprachen dem vierten, bald wieder zu kommen u.s.w. Und dies alles, ohne uns aufzuhalten, indem wir von ferne fragten, die Antwort im Vorbeigehen empfingen, und dann den Kohl hinterdrein noch setzten, oft ohne uns umzusehn, daß nicht etwa die gescheidte Antwort eine längere Unterhaltung herbeiführte oder eine muntere Dirne ermahnt wurde, sich unter uns dreien den Eheliebsten auszusuchen.

Gegen Abend gelangten wir zur Chausee, die uns durch einen dichten Wald führte, den wir durchliefen, und dann die freundliche Stadt Gera vor uns auf einer Anhöhe liegen sahen. Links zog sich der Wald in schönem Bogen steigend und fallend hin, das herrschaftliche Schloß [OR5] belebte ihn, und rechts erhob sich aus dem von einem Flüßchen bewäßerten Wiesen- und Feldergrund das stattlich neuerbaute Schießhaus. Die Gegend gefiel mir und dem Hofadvocaten beim ersten Anblik, des Vetters Erwartungen schien sie nicht sogleich zu entsprechen, doch lobte er später, als er sie von einem anderen Standpunkt aus betrachtete, desto freigiebiger. Bei der Brüke schickten wir den mitgenommenen Burschen zurück und zogen, die Mützen mit Eichenlaub geziert, in die Stadt ein. Sie hatte wahrscheinlich lange keine Jenenser gesehen und glaubte, wir wären dergleichen, kurz sie erregte sich über unseren Aufzug, und da meine Begleiter nichts unterließen, den guten Eindruk zu verstärken, so fehlte nicht viel, und die Gaßenjugend wäre uns nachgezogen. Selbst die hoch auf dem Rathaus eingeschloßene Gesellschaft schien einige Augenblike Schmach und Verdruß der Zuchthausstrafe zu vergeßen. Im Grünbaum logirten wir uns ein. Nach einiger Ruhe und Erquikung durchwanderten wir die volkreichen Straßen der wohlgebauten Stadt, ließen uns von einem bildschönen Gymnasiasten den Weg zeigen, bewunderten das in edlem Stil gebaute Theater, gingen zum Thor hinaus und genoßen in der schönen Allee den prachtvollen Anblik der Sonne, die eben unterging und dann den westlichen Horizont mit einem glühendrothen Purpurmantel überkleidete. Mit einbrechender Nacht schmauchten die Reisenden bei einem guten Glase Bier ihre Cicarren im herrschaftlichen Garten, Küchengarten genannt, und ließen sich vom überhöflichen Marquer [UB9] den Küchenzettel hersagen. Obgleich das Männchen ein jedes Gericht mit einer einladenden Bewegung seiner geschmeidig-biegsamen Hände begleitete, so beschloßen wir doch nach einiger Überlegung nicht hier, sondern im Gasthof zu speißen. Zwar wird es guten Reisebeschreibern zum Fehler angerechnet, zu sagen was und wie, aber ich kann mich nicht enthalten zu versichern, daß die Suppe mit Krebsschwänzen und Morcheln gespickt sehr delikat war, der Wildpretsbraten unvergleichlich und der Gurkensalat äußerst schmakhaft. Auch der Wein soll hier eben so gut als wohlfeil seyn und wir rathen jedem, der Gera betritt, im Grünbaum und überhaupt nicht in dem von Dr.med. Koch in Roda empfohlenen Gasthof einzukehren, da die Erfahrung lehren dürfte, daß sie die besten nicht sind.

Gestärkt durch einen sanften Schlaf brachen wir am 6ten August früh wie gewöhnlich auf. Ein in der Nacht gefallener Regen hatte dem Boden diejenige weiche Natur gegeben, die Fußwanderern lieb ist, und wir schritten sehr aufgeräumt und rüstig vorwärts. Unversehens waren wir in Ronneburg. Hier, im Gasthof zum rothen Hirsch, ward halt gemacht um zu frühstücken und Groh's Bruder in der dasigen Apotheke aufzusuchen. Des Candidats geschwächter Magen bedurfte eines bitteren Trankes, und er wurde abgeschikt, diesen sich geben zu lassen und den jungen Mann zu bitten, in den Gasthof zu kommen. Nach einer kleinen Viertelstunde erschien er. Im Äußeren, Sprache, Haltung, Miene dem uns so werthen Bruder ähnlich, würde es uns leicht geworden seyn, ihn unter tausend Unbekannten aufzufinden, seyn gesetztes, männliches, entschiedenes Benehmen sprach uns an. Er mochte von uns auch eine gute Meinung haben. Wir tranken eine Flasche Wein und es entspann sich bald die Vertraulichkeit, mit der sich junge Männer von gleichem Sinn und Stand zu behandeln pflegen. Er war in Dresden zurückgesetzt worden, hatte seine Condition verlaßen, mehrere Wochen bei der Mutter und den Geschwistern gelebt und dann dem Apotheker Ritschel hier bei der Einrichtung seiner neuangekauften Apotheke geholfen. Kaum erfuhren wir, daß er noch unabhängig sey, so bathen wir ihn, uns nach Glauchau zu begleiten. Nach einigen bedenklichen Mienen, wie wir sie am Doctor kennen, willigte er schnell ein. Wir gingen so hastig und gesprächig fort, daß wir den Superintendent Schuderhoff [HP2], uns Theologen als Verfechter kirchlicher Rechte und Freiheiten rühmlich, dem Hofadvocaten als academischer Freund seines Vaters ziemlich bekannter Mann, zu besuchen und die nahegelegene Badeanstalten zu besehen, vergaßen. Eine halbe Viertelstunde hinter Ronneburg, wo es ohne Zeitverlust und Umweg nicht nachgeholt werden konnte, fiel es uns wieder ein, und wir überlegten, was zu tun sey. Da indes Groh erzählte, Schuderhoff sey in der Kirche als ein heftiger Prediger und in Gesellschaft als ein streitsüchtiger, für seine Meinung eingenommener Mann wenig beliebt, und gewißen Leuten nichts leichter fällt, als eine Ehrenvisite aufzugeben, auch die Badeanstalten zwar sehenswert, aber wenig besucht seyn sollten und uns, wie billig, an den schönen Badegästen mehr liegen mußte als am salinischen Badewasser, so kehrten wir nicht wieder um, sondern gingen die Straße fort nach Löbichau. Hier trennte sich Groh, den Botanicer wollen wir ihn nach seiner Lieblingswissenschaft nennen, von uns und ging gerades Wegs nach Glauchau, um uns anzumelden, nachdem er uns zuvor auf den nahegelegenen herzoglichen Garten und das einst von der Herzogin von Kurland, von Tidge und der Elise von der Recke [HP3] bewohnte Lustschloß aufmerksam gemacht hatte. Der Candidat hätte beides gern besehen, doch begnügte er sich auf unsere Bitten mit einem flüchtigen Blik in den Garten von der Straße aus. Die Sehnsucht, die Altenburger Landleute in der Hauptstadt und im Hauptstaat zu sehen, machte uns eilig, und wir schenkten selbst den oft sehr geschmakvollen Lusthäusern altenburgischer Edler und Reicher und mancher hübschen Gruppe wenig Aufmerksamkeit. Die Tracht der Bewohner, besonders die kurzen Röke der Bewohnerinnen, gefielen uns anfänglich gar nicht, und wie ohne Verletzung guter Sitten in ihnen getanzt werden könne, begriffen wir nicht.

Je mehr wir uns Altenburg näherten, je zahlreicher wurden die Schaaren der dahin und daher Wandernden. Schöngeputzt, auf leichten Flachten oder Korbwagen sitzende Männer und Frauen fuhren der Stadt zu. Einmal erbot sich sogar ein junger Bursch, der mit einem leeren Wagen wartend vor einem Dorfe hielt, uns mitzunehmen, er fahre drei Mädchen, sagte er, und jeder könne sich sein Theil aussuchen. Es wurde scherzend ausgeschlagen. „Sie hätten die Gelegenheit annehmen sollen", sagte ein Altenburger, der eben vorbeiging. „Er fährt drei Mädchen, die schönsten im Dorf, und eine von ihnen ist sogar gelehrt und eine Dichterin." Hierauf versetzte ich: „Gelehrte Weiber liebe ich nicht, sie taugen nichts in der Wirtschaft." Der Mann antwortete verständig darauf, versicherte aber, das Mädchen sey auch recht haushältig. An diesem Faden entspann sich ein langes Gespräch, in welchem ich ihn wie einen gewöhnlichen Bauern behandelte, bis ich, aufmerksam auf seine grüne Jake und wohlgesetzten Reden fragte, ob er etwa Förster sey. „Nein", sagte er, „ich bin ein Landmann, ein Bauer, und die grüne Jake trage ich als unsere Lieblings- und Landestracht". Ich gab ihm meine Freude zu erkennen, einem so gebildeten Landmann kennen gelernt zu haben. Bescheiden lehnte er das Lob ab und meinte, er habe im Umgang würdiger Männer und durch Lectüre sich vielleicht etwas mehr Kenntniße und Unbefangenheit angeeignet, als manche seinesgleichen, allein er wisse wohl, wie viel ihm fehle. Wen hätte diese Äußerung nicht aufgefordert zu untersuchen, wie viel ihm denn fehle; aber wohin wir auch die Unterhaltung richteten, über Feldbau, Handel, Gewerbe, Religion sprach er mit viel Einsicht, Verstand, Urtheil und zugleich mit einer solchen sich gleichbleibenden Ruhe und Gewandheit, sich bestimmt und ungesucht auszudrüken, daß er uns immer intreßanter wurde, bis er endlich durch das Versprechen uns Erlaubnis zu verschaffen, den Tanz seiner

Landsleute anzusehen, unsere Achtung und Liebe ganz gewann. In seiner Gesellschaft wanderten wir etwa 1½ Stunden und trennten uns vor dem Schießplan. Er ging in ein Zelt hinauf, wo wir ihn wieder aufsuchen sollten, und wir über schlechtes Pflaster in die Stadt Altenburg hinab (was jeder begreiflich finden wird, der die Stadt betreten hat) und in die goldene Sonne hinein.

(Fußnote des Autors: Diese Erlaubnis wird Fremden, damit sie nicht die gute Ordnung und Sitte der Tanzenden stören, etwas erschwert. Des Mannes Fürwort, er ist, wie wir nicht von ihm erfuhren, beim altenburgischen Landstand, konnte uns leicht den Eintritt verschaffen.)

Der Marquer führte uns in eine helle, weite Stube und dachte uns viel Freude zu machen, wenn er sagte, es logirten nebenan auch Studenten und zwar Leipziger. Uns lag aber mehr daran – den Schulstaub hatten wir längst abgelegt – den Reisestaub und die langen Bärte abzulegen, um einmal als Männer von Ansehen und Würde auftreten zu können. Er wurde daher angewiesen, für Waßer und einen Barbier zu sorgen. Nachdem beides geschehen war und er seine Dienste gethan, auch, o Hunger!, deine Ansprüche befriedigt worden waren, begaben wir uns auf den Schießplan, auf dem eine Menge Menschen verschiedenen Alters, Standes und Gewandes auf und ab wandelten. Ist man wohl aufgeräumt und hat man, wie wir, im nahen Zelt ein leidliches Glas Burgunder getrunken, so wühlt man sich gern unter unbekannten Menschen herum, und lacht, wenn die Mädchen über einen Kanonenschuß zusammenfahren, oder wakere Bürger aus einer vielversprechenden Kunstbude kommen, und meinen, das war auch gar nichts, oder wenn ein munterer Junge, die Bratwurst im Mund, die Semmel in der Hand hinter die Bude tritt und …. Und kömmt gar ein Herr in Uniform und Säbel gegangen, und läßt merken, er habe Lust seine lieben Vettern zu tractiren, schleicht sich aber unverrichteter Sache davon, so sagen sie, wohlgefällig an ihren noch gefüllten Beutel schlagend; es fehlt ihm am Besten, am nervo rerum gerendarum; vaaria rident sagte der Chocoladier in Jena!

Bald fanden wir unsern Altenburger wieder; nannten ihm unsern Namen und Stand – er kannte den Namen Lossius – und er hielt sein Versprechen. Für ein paar Groschen erhielt jeder von uns ein Schnürchen, roth–goldgelb-gelb, das ins Knopfloch geknüpft freien Eintritt in den Tanzsaal des Schießhauses gewährte.

Altenburger Tracht. Druck nach einer Zeichnung von Albert Kretschmer aus: Deutsche Volkstrachten, Leipzig 1887

Welch ein Anblik, würdig von der dichterischen Feder eines Wieland beschrieben zu werden, doch glaube ich fast, daß er ihn mehr in seiner schalkhaftesten Manier als in dem würdevollen Ernst gezeichnet hätte, den er einflößte. Wir sahen Frauen und Jungfrauen in einer fremden, auffallenden und doch dem Auge zusagenden Tracht. Den Kopf mit einer langen, bänderreichen Haube geziret, die feingewölbte Stirn mit zartem, breitgeschwungenem Florband bedekt, die Brust knapp und züchtig von einem buntfarbigen, schillernden, seidenen Mieder umgeben, an welches sich der Rok anschloß, hellfarbig, vielgestaltet, festanliegend, bis ans Knie reichend, vorn mit einigem artigen Schürzchen versehen; in schneeweisen Strümpfen mit bunten Strumpfbändern, nette Schuhe an den Füßen. So, voll Gesundheit, Unschuld, Anstand und Würde saß eine jede da, und indem das Auge begierig die wunderbaren Reize von mehr als zweihundert solcher Gestalten einsog, ergriff uns ein unwiderstehliches Gefühl von Hochachtung und Ehrerbietung für diese Frauen. Als nun die Music begann und die kraftvollen, stattlichen Männer in schwarzen Hütlein, grünen Jacken, schwarzen, weiten Hosen und Stiefeln herzutraten, sich Tänzerinnen wählten und den Tanz mit einer ersten Polonaise eröffneten, die Tänzer fest und gewandt, die Frauen leicht, elastisch, graciös und anmuthig in künstlichen Wendungen und Kreißen sich vor uns bewegten, so standen wir wie bezaubert, wie in die geheimnisvolle Mitte einer orientalischen oder ägyptischen religiösen Gemeinschaft versetzt.

Natürlich söhnten wir uns bald mit den kurzen Röken aus, die fest an den Leib sich anschmiegend, dessen kräftige Form ahnen ließen, ohne das an Anstand gewöhnte Auge zu beleidigen. Ungern verließen wir nach einigen Stunden diesen Kreis, der eine magische Anziehungskraft auf uns ausübte, aber wir wollten Altenburg nicht verlassen, ohne dessen übrige Merkwürdigkeiten wenigstens oberflächlich gesehen zu haben.

Die Stadt selbst – wir durchstrichen sie in der Abendsonne – ist in Berg und Thal für Fahrende und Fußgänger unbequem gebaut, doch hat sie viele hübsche Häuser und Gärten, und die außen gelegene kleine Promenade - ein mit Linden gezierter Spaziergang umgiebt einen ansehnlichen, mit einer kleinen Insel gezierten Teich - nahm sich sehr gut aus. Nachdem uns ein paar steinalte Damen auf einen falschen Weg gewiesen, und ein freundliches Mädchen gefällig auf den rechten Weg geleitet hatte, stiegen wir den mit reichlichem Sand bestreuten Fahrweg zum Schloß hinauf. Dies auf die regellose Form des Felsens gegründet, erscheint vom Hof aus betrachtet als gedrängt, vielwinklig und düster, selbst die ehrwürdige alte Schloßkirche gewährte in Nebengebäude eingeklemmt, zur Seite mit einem Wachthause versehen, nicht den imposanten Anblick, den wir erwartet hatten. Wir hätten das Innere derselben, sowie die im Schloße befindlichen Gemälde gern gesehn, allein die Nacht war eingebrochen und ermahnte uns zur Heimkehr. Wir stiegen herab, umgingen die südwestliche Seite des Berges, und sahen an den hohen steilen Felswänden hinauf in die nun vermauerten zwei Fenster des Schloßes, aus denen im Jahr 1455 der kühne Ritter Kunz von Kauffungen [HP4] die Prinzen raubte. Fast ist es unbegreiflich, wie der Rachsüchtige sein Werk durchführen konnte!

In Gesellschaft eines biederen Vetters, des Handlungsdieners Heubet, suchten wir unseren lieben Altenburger wieder auf. Der jetzt hellerleuchtete Saal verlieh den Tanzenden neuen Reitz, der durch die Nationaltänze, die sie aufführten, noch vermehrt wurde. Dankbar drükten wir dem, der uns diesen Herz und Geist wunderbar ergreifenden Genuß verschaft hatte, die Hand und gewannen ihn wegen seines Enthusiasmus für seines Volkes Wohlstand, Tracht und treubewahrte Sitten immer lieber. Nach und nach faßten wir uns auch Muth, mit den schönen Frauen zu reden. Sie sprachen unbefangen, aber gescheut. Zu dem Mädchen, von dem ich erfahren, sie mache Verse, fühlte ich mich besonders hingezogen und nachdem ich lange überlegt, wie viel Geistreiches ich mit ihr reden wollte, näherte ich mich ihr verschämt und sagte, ich hätte sie unterwegs schon gesehen, und sie sey, was mich freue, eine Dichterin. Sie meinte, sie erinnere sich nicht mich gesehen zu haben, und eine Dichterin sey sie auch nicht. „Ja, ja", antwortete ich, und strengte mich an, etwas von Bescheidenheit zu sagen, wußte aber nicht, wie ich es vorbringen sollte.

Dann suchte ich mich an etwas zu erinnern, was ich memorirt hatte, und – weg war es. Nun durchlief ich immer verlegener die ganze Schatzkammer deutscher Bild-, Satz- und Begriffsbezeichnungen und fand kein einziges, nicht einmal ein kleines, nichtssagendes Wörtchen, und stand da und sah sie schweigend an, und schweigend sah sie auf die Erde, und weil mir immer noch nichts einfiel, so trat ich zögernd, beschämt, stum, vom Schauplatz ab.

Mein Vetter, der mit einigen anderen Mädchen über sein Lieblingsthema fertig catechesirte, erfuhr auf seine Frage, auch wenn er sie heirathe, ihre Tracht behielten sie bei. Dem Hofadvocaten, der einer anderen, sein Kennerblik ließ ihn bald die schönste, eine liebliche, sanfte Mädchengestalt finden, einige Artigkeiten über ihr Gesicht und Anzug sagte, wurde naiv geantwortet: „Ach gehen sie nur hin." „Ach gehen sie nur hin", hat sie gesagt, zur großen Beruhigung für mich, der ungeheißen ging.

Die Herren und Damen, welche drüben, im Saal eines etwas entfernteren Hauses tanzten, mögen uns verzeihen, daß wir nicht die geringste Neigung verspürten, ihnen zuzusehen. Ich hätte alle unter ihnen, die vielleicht von Music, Wein und Lust berauscht, leichtsinnig schwärmten, hierher, in den heiteren, frohen, unschuldigen Kreis guter, biederer Landleute führen mögen, und an ihnen ein Beispiel nehmen laßen, wie man ländlich und sittlich das angenehmste aller geselligen Vergnügen am würdigsten genieße. Das treffliche Völkchen im Herzen segnend, verließen wir spät den Tanzsaal.

Zweites Capitel: Glauchau

„Altenburg, Altenburg!", dachte ich, im Geist den gestrigen Genuß erneuernd, und mit den Augen über die kleine Promenade schweifend. Die geneigten Leserinnen werden nehmlich gebeten sich vorzustellen, daß wir nach genoßener Nachtruh und Frühstük bereits Barrieren genannter Stadt überschritten haben. „Altenburg, Altenburg!", dachte ich, „du wirst mir unvergeßlich seyn!" Da schrie hinter uns eine Stimme: „He, he, meine Herren!" Wir sahen uns um und sehen den Sonnenmarquer auf uns zulaufen. Nach vielen Entschuldigungen bedauerte er, uns Schlaftrunkenheit und 18 gr [UB10] Schlafgeld nicht angerechnet zu haben und noch einfordern zu müßen. Meiner Meinung nach hatten wir schon zuviel bezahlt. Ich sucht ihm also sein executives Beitreiben des Schlafgeldes zu erschweren, als der Cassirer, der den guten Mann einst in Saalfeld eigentlicher Trunkenheit halber wahrscheinlich zu derb gescheuert, mitleidig den Beutel zog und bezahlte. Er ging. Ein munterer Knabe, der des Wegs zog, wurde überredet, meines Vetters Ranzen zu tragen, und uns nach dem Dorf und Schloß Ehrenberg [OR6] zu führen. Viele neben dem Brauhofe allda befindlichen Hütten und Sitze ließen uns ein gutes Glas Bier erwarten. Es ward uns das beste der ganzen Reise gereicht und in Gesellschaft der Brauerin und eines guten alten Weibes, die uns einige Butterschnitten brachte und viel von ihren Kindern und altenburgischen Sitten erzählte, getrunken. Hierauf bestiegen wir die Anhöhe vor dem Dorfe. Zwei Wege liefen uns entgegen; ein Pfad zog sich allmählich um den Berg, ein Fahrweg links höher hinauf. Wir hatten bereits, wie oft geschieht, den beschriebenen vergeßen, und fragten uns wohin? Auf meinen und meines ehemaligen Hauptmanns Rath schlugen wir den Fahrweg ein und thaten wohl daran.

(Fußnote des Autors: Dieser schärfte uns 1815, nachdem uns Fußwege mehrmals in Verlegenheit und Irre geführt, als eine streng zu beachtenden Regel ein, bei der Wahl zwischen Fahr- und Fußweg, uns für den ersteren zu entscheiden.)

Wir erreichten und verließen mehrere Dörfer. Vor dem einen trafen wir zwei Knaben an, die nach den unreifen Früchten eines schönen Birnbaums lüstern, ihn mit Steinen und Knitteln jämmerlich zurichteten. „Du sollst nicht stehlen", rief ich, schwang den Stok und ging auf sie zu. Ein panischer Schrek ergriff sie; heulend sprangen sie ins Feld; ich ihnen nach; da sah sich der eine um und - da lag er auf der mütterlichen Erde, überschlug sich einigemahl im Begriff sich aufzurichten. Endlich wie ich ihn fassen will, schrie er, raffte sich auf und eilte davon. Ein Auftritt, der sich comischer ausnahm, als beschreiben läßt. – „Siehe, die Frucht des bösen Gewissens", rief ich einem Akermann zu, der am Pfluge stand, zusah und lachte. Indeß vergaßen wir selbst über dem Spaß nach dem rechten Weg zu fragen. Wir wendeten uns zu weit rechts, und zu gutem Glük wieß uns noch beizeiten der freundliche Pfarrer des Ortes zu rechte, nehmlich links.

Es ist ein mislicheres Ding um eine gute Reisebeschreibung, als man meinen sollte. Indem man sich bemüht, in einigem Zusammenhang zu erzählen, muß man manches Einzelne auslaßen, das in ähnlicher Gestalt widerkehrend und leere Augenblike ausfüllend, Reisende sehr unterhält. So lauere ich lange auf Gelegenheit zu melden, daß wir in Ermangelung anderer Personen uns gegenseitig nekten. Dazu gab meines Rokes lange Taille, des Vetters Camaschen und des Advocaten banditenmäßiger Anzug reichlich Stoff, der denn auch gehörig benuzt, und mit wenig oder nichts bedeutenden Redensarten der sogenannten gebildeten Welt überziert, zu seltsamen Figuren und Caricaturen verarbeitet wurde. Auch zeigte Helmershausen sein comisches Talent in einer Ausgelassenheit, die unsere Lachorgane aufs wohltäthigste erschütterte. Bald erhob er seine starke Stimme und schrie wie ein Ritter aus dem 13ten Jahrhundert nach seiner entführten Tochter, bald ermahnte er seine andächtigen Zuhörer im steigenden und fallenden Kanzelton veralteter Prediger zur Tugend oder zerlegte ein Thema in wohlzusammenhängende Theile. Bald brüllte er auf uns einkläffende Hunde so fürchterlich an, daß sie mit eingezogenem Schwanze sich furchtsam in ihren Hinterhalt verkrochen. Zur Abwechslung erzählten wir uns auch bekannte und unbekannte Anectoten, sangen Burschen- und Soldatenlieder, tranken am Busen des anderen aus der Branntweinflasche Erquikung und trieben sonst allerlei Kurzweil, so daß uns leicht ein ernster Mann entweder für halb närrisch oder, wie es denn war, für Leute halten mußte, die dem Kerker eines Geschäftslebens entlaufen, einmal conomon hafeliren [UB11], wie unsere Bauern sagen. Was wir wohl fühlend gewöhnlich mit dem guten Spruch entschuldigen: „Laß mich ein Kind seyn, sey es mit…" oder „Hoher Sinn liegt oft im kind'schen Spiel!"

Ansicht von Glauchau – Aus: E. Sommer, Saxonia. Museum für Sächsische Vaterlandskunde, Band 2 (1838)

Gegen drei Stunden mochten wir gewandert seyn, als sich Bedürfnisse einstellten, deren schnelle Befriedigung mir zum Ruhm angerechnet wurde, Hunger und Durst. Ich gehe von den Gefährten ab seitwärts in ein Dorf, erfrag die Schenke, und laß mir, Bier war nicht zu haben, ein tüchtiges Stük Brod abschneiden. In der Meinung, die Gefährten erwarten mich, laufe ich in aller Eile dem Fahrweg nach Glauchau zu. Aber jene sind weder vor mir noch hinter mir zu sehen. Ich rufe, niemand antwortet. Ein artiges Landmädchen und das liebe Milchglas hatte sie verweilt. Endlich bemerke ich sie in der Entfernung auf einem Fußpfad. Ich rufe, winke und betheure, der rechte Weg sey hier. „Nein, hier", antworten sie und gehen unverdrossen fort. So muß ich denn querfeldein, und mich wegen Befolgung der Hauptmannsregel noch auslachen laßen. Sie hatten den näheren Fußpfad nach Glauchau eingeschlagen.

Wie wir am Abhang des Berges, auf welchem wir bisher gewandert waren, hinabgeschritten, stellte sich Glauchau, auf einer nicht unbeträchtlichen Anhöhe angenehm liegend, von der Mulde umfloßen, mit seinem gräflichen

Schloße und Walde unseren sehnsüchtigen Bliken dar. Die Freude, den alten Freund hoffentlich wohl und froh anzutreffen, beflügelte unsere Schritte. Wir durchwanderten rasch das buschreiche Wiesenthal und traten aus der Schußlinie – auch hier war Vogelschießen - unverletzt auf die Brüke. „Welches ist der schlechteste Gasthof hier?", fragte ich einen Mann, der uns begegnete. Er nannte ihn, etwas befremdet. „Ich frage, um nicht hineinzugerathen", sagt' ich. In der Vorstadt erkundigten wir uns bei einem Mädchen, wo der Dr. Groh wohne. „In der Judengasse", antwortet sie und lächelte schelmisch. Wir legten das so aus, als weise sie uns irre, und meinten, sie wiße wahrscheinlich nicht, wo er wohne. „Ich weiß es wohl, ich bin ja das Aufwartemädchen beim Herrn Doctor und gehe eben hin". Nun wurde ihr ernstlich eingelegt, nicht bei Doctors zu sagen, wir seyen da. Sie versprach es auch und hielt natürlich – nicht Wort. Wir kehrten beim Postmeister, der zugleich Gastgeber ist, ein; ich, offengestanden wider Willen, da ich den Freund je eher je lieber zu sprechen wünschte, und ich ihn zu gut kenne, als daß ich nicht hätte wißen sollen, unsere Höflichkeit mißfalle ihm. Kaum hatten wir die angewiesene Stube in Besitz genommen, so trat herein mit seinem Bruder - Groh. Auf den Lippen schwebten ihm einige misbilligende Worte. Sie verloren sich aber in Freude uns zu sehen, und es erfolgte eine Scene, die sich nicht beschreiben läßt. In herzlicher, fester Umarmung und mit einem tiefen langen Kuß umschloßen wir uns und schlürften die Seligkeit erfüllter Sehnsucht! – Leicht überredet folgten wir ihm in sein Logis, wo uns seine gute Mutter und Schwester aufs freundschaftlichste empfingen. Nachdem der erste Rausch vorüber war, genoßen wir ein schmakhaftes Mahl. Bald verbreitete sich über uns alle die Stimmung, in der man Leben und Menschen von der lustigsten Seite erfaßend einen unwiderstehlichen Drang zum Lachen fühlt und ihm nachgebend, zum Lachen immer mehr gereizt, kurz von der Fußsohle bis zur Zirbeldrüse lacht und lächerlich wird. Diese Stimmung vermehrte der Freund durch vier Flaschen ächten Rheinweines, das Geschenk einer Patientin. Im Stillen wünschten wir ihr baldige Genesung, und tranken laut, lachend und lärmend aufs Wohl derer, die unserem Herzen theuer sind. Der Wein floß, die Augen glänzten, die Lippen wurden immer bereder; das Leben lag rosenroth vor uns und auf leichten Fittichen schwebten wir drin herum. Nach einem solchen leiblichen und Seelengenuß erfolgt Lust und Liebe zur Ruhe. Ihr ergaben wir uns auch, aufs Bett und Canapee gegoßen, und von Zeit zu Zeit über unsere Einfälle lachend, bis endlich ein sanfter Schlaf die Augen der Gefährten schloß.

Aber Ulliß schlief nicht, sondern dämmerte blos, während ihn sein neben ihm liegender Freund über wichtige Dinge unterhielt und fragte, und auf die er zuweilen verkehrt genug geantwortet haben mag.

Den Nachmittag brachten wir auf einer geräumigen Hütte auf dem Schießplan zu, tranken, rauchten, sprachen, sahen uns vergnügt ins Angesicht und öffneten die Fenster, um die melodischen Töne hereinzulaßen, die das zwickauer Hautboistencorps [UB12] draußen kunstfertig hervorzauberte. Bald erschien auch die gräfliche Familie: der regierende Graf (er gefiele mir in bürgerlicher Kleidung, Gesicht und Haltung), die ehrwürdige Gräfin, der eine Sohn u.s.w. und mehrere bürgerliche Bekannte, Freunde und gewesene Patienten Grohs. Froh, daß uns zum gräflichen Thee niemand eingeladen, spazierten wir Abends am stillen Ufer der Mulde dann auf meist wohlerhaltenen Wegen um den Schloßberg und gingen durch den Schloßhof zurük in die Stadt. Sie ist ziemlich reinlich, sehr freundlich und angenehm gebaut, hat 710 Häuser und 4.000 Einwohner, die nach des Freundes Aussage gute fleißige Sachsen sind und für irdische Freuden nicht unempfindlich seyn sollen. Als wir uns nach der Abendmahlzeit um den Theetisch friedlich und gesprächig festgesezt, erschien der eine Wirth meines Gefährten, um ihn abzuholen. Der Medicus hatte nehmlich den Gedanken – wie denn sein Grundsaz ist: suum cuique [UB13] – beim Herrn Actuarius Ayrer den Advocate, beim Diaconus Franke den Candidaten übernachten zu laßen, und behielt aus einer ihm eigenthümlichen Neigung und Hochachtung für Landpfarrer, Schreiber dieses, bei sich. Eine Einrichtung, mit der alle wohlzufrieden waren. Jezt kam also der Jurist, um seinen Collegen ins Bette zu bringen. Indeß ließ sich der wakre junge Mann, dem es auch nicht viel Mühe kostete, sich seiner academischen Laufbahn zu erinnern, noch einige Stunden halten. Nach frohem Gespräch und Gesang schieden wir spät auseinander, und der Vetter war schon bei ihm zur Ruh eingegangen, als ihn sein Wirth von einem Kindtaufschmauße kommend abrufen wollte.

Früh als wir noch, ich und der Doctor oder umgekehrt der Doctor und ich, in tiefem Gespräch einander gegenüber lagen, wurde ihm gemeldet, die Pfarrerstochter aus Veresdorf sey da und wünsche ein Recept für ihre kranke Schwester. „Du", sagte Groh, „ein hübsches Mädchen!" Ich in aller Eile auf, ungewaschen und in des Freundes Flausrok nothdürftig gekleidet hinaus ins Audienzzimmer. Nun ja, hübsch war sie, das ist keine Frage, und es verdroß mich gerade nicht, früher aufgestanden zu seyn. Übrigens tröstete der Doctor gut, versprach Nachmittags selbst zu kommen und schrieb das Recept.

Nach und nach stellte sich auch der Hofadvocat und mein Vetter ein. Der Botanicer kam mit einer seltenen Pflanze von einer Excursion zurük, und bei einem Glas Bischof discurirten wir über nichts weniger als über gelehrte Dinge. Wie der Pastor einmal davon anfing und verlauten ließ, die Sache könne von vielen Seiten betrachtet werden, schlug der Vetter einen Spaziergang zur Betrachtung der Stadt und Umgebung vor. Da wir sie morgen verließen, mache sich das um so nöthiger. Der Doctor bat, wir möchten noch einen Tag zugeben, allein meine Begleiter lehnten es ab, und der Pastor selbst erklärte aus Höflichkeit, es sey besser wir gingen. Im Herzen wünschte er, es möchte irgend etwas dreinkommen, was uns auf eine angemessene Weise zum Bleiben zwinge. Versprechen mir meine Leserinnen tiefe Verschwiegenheit, so verrathe ich ihnen - aber sie dürfen den guten Mann nicht neken! - daß an diesem Wunsch zu bleiben die intreßante Oberförsterstochter einigen Antheil haben mochte, von der Groh viel Vortheilhaftes und wie es schien, absichtlich gesprochen und gesagt hatte, sie wohne in Remißau [OR7] und morgen müße er hin und ihren kränkelnden Vater besuchen. Der besprochene Spaziergang wurde gemacht; der Schreiber dieses weiß aber nur noch, daß es zu einer Hinterthür hinausging in einen tiefen Stadtgraben, wo viele alte Töpfe und Scherben lagen, und daß er mit Wirth und Gästen Mittags am Tische saß. Wie und wo er mit seinen Begleitern aus dem Stadtgraben herausgekommen ist, kann er, und gält's seine ganze schriftstellerische Ehre, nicht sagen. Wahrscheinlich ging er in oder ohne Gedanken und sieht sich nun genöthigt, Wisbegierige auf die Tagebücher der beiden anderen Reisenden zu verweisen.

Vom Nachmittag hat er etwas mehr gemerkt, nähmlich Folgendes: Unter trüben Regenwolken führte uns der Doctor glüklich nach Veresdorf, wo wir mit dem Actuar und Diacon zusammentrafen und ein Kegelspiel zu machen verabredet hatten. Sie waren noch nicht eingetroffen, und wir begleiteten den Medicus zum Prediger, dem Vater des Diaconus, und wir plauderten mit ihm, seiner würdigen Frau und zwei gesunden munteren Töchtern ein halbes Stündchen. Ich bin unter Landgeistlichen wie unter meines Gleichen, versteht sich. Mein Vetter wäre gern geblieben, um einen angenehmen Dialog mit der gesprächigen Tochter vom Hause fortzusetzen, dem Hofadvokaten gefiel es auch. Die Familie nöthigte uns zum Bleiben, aber um Wort zu halten, gingen wir und spielten im Gasthof mit zwei Candidaten des Predigtamtes - Arad hieß der eine, wir hören bald mehr von ihm, einem Cantor aus Glauchau, und einigen anderen unbekannten Männern unter Regengüßen und Zugluft ein Spiel, in welchem ich mich vergebens bemühte, Geld oder eine heitere Laune zu gewinnen oder - um diese Periode in einer edleren Sprache zu schließen – vergebens bemühte, Geschiklichkeit und einige Selbstüberwindung zu zeigen. Nach dem Abendbrod waren wir alle andere Leute. Der Actuar und Diaconus stellten sich noch ein, und es wurde nach Herzenslust gesungen, unter andern beliebten Liedern auch das schöne: Prinz Eugenius pp., das kräftige: Ich hatte mir ein Weib pp und das rührende: Für mich ist Spiel, welches letztere mich so ergriff, daß mir die Rührung in die Gesichtsmuskeln stieg und sie greulich verzerrte. Freilich gestanden wir es einander, die Zeit sey vorbei, wo unterm Cantorat des feurigen Döbling alles das mit größerer Inbrunst gesungen wurde!

In später Nacht kehrten wir zurük. Unterwegs kamen wir überein, morgen mit Postmeisters Pferden abzufahren, um die Verzögerung in Glauchau wieder einzubringen. Indeß war zum Glük der Postmeister nicht zu Hause und that später durch seinen Stallknecht eine so hohe Forderung, daß meine Begleiter es vorzogen, per pedes abzureisen und ich aufs neue Hoffnung faßte, wir würden wohl noch bleiben. Als darum Groh nochmals ernstlich bat, bleib morgen noch da, so sagte ich nicht nein. Helmershausen wurde auch überredet, und der Vetter mußte nolens volens und überstimmt nachgeben. Lustig und guter Dinge, daß ein Genius ohne mein Zuthun den Sieg davon getragen, froh noch einen Tag länger beim Freund bleiben zu können, erwartungsvoll, das allerliebste Jägermädchen zu sehen, hörte ich mit behaglicher Gleichgültigkeit meines Vetters Vorwürfe an, als sey ich ein Mensch, den einiges Bitten leicht von seinem Vorsatz abzureisen - ich hatte den Vorsatz noch nicht gefaßt, wie die Leser wissen – abzubringen vermöchte. Ich ließ mich nicht aus der Fassung bringen, als er seine Behauptung mit Beispielen aus der Vorzeit belegte und schließlich bedauerte, mich nicht durch eine schriftliche Versicherung verpflichtet zu haben, zwei Tage höchstens in Glauchau zubringen zu wollen. Größere Leute als wir beide machten es auch so, sagte ich. Man müße das Waßer nicht von der Mühle weisen. Ja, ich wär wohl im Stande hier zu bleiben und ihn ohne mich nach Dresden gehn zu laßen. Da ihm die Freunde jedoch gut zuredeten, beruhigte er sich bald, und wir legten uns einig und vergnügt zur Ruh.

Wie Tags drauf, also Sonnabend, den 9ten August die rosenfingrige Aurora ihr Bette verließ, lag ich noch in dem meinigen, schwazte abermahls mit dem gegenüberliegenden Wirth und erhob mich endlich mit dem Bewußtsein, gut geschlafen zu haben und der stillen Ahnung, heut meinem Glük zu begegnen. Bald trat auch der Hofadvocat ein. Um seinen Mund schwebte das ihm eigenthümliche schalkhafte Lächeln. Sein lebhaftes Auge ließ einen Physiognomen wie mich schließen, er habe heute früh sehr schöne Gedanken gehabt. Ich verletze die Bescheidenheit selten und ungern, aber geneigt, zur näheren Kenntnis des menschlichen Herzens alles mögliche beizutragen, bekenne ich, daß es dem meinigen zur Ehre gereicht, ein besonderes Wohlbehagen an Menschen zu finden, von denen ich weiß, sie werden geliebt. Es ist ja ein Schauspiel für Götter, zwei Liebende zu sehen. Nichts ist leichter, als wenn man den einen Geliebten vor Augen hat, sich die Geliebte an seine Seite zu denken und die anmuthige Gruppe nach raphaelischer Manier mit einer Menge Engelsköpfen auszumahlen, die vom Himmel herab die Guten mit wohlwollenden Lächeln umschweben.

Schade, daß ich dies intreßante Capitel schnell abbrechen muß, um zu melden, daß eben mein Vetter mit einem guten Morgen auf den Lippen und im ganzen Gesicht hereintrat. Er hatte dem Wunsche, morgen schon die Dresdener Brüke im Sonntagslichte zu betrachten, heldenmüthig entsagt. Er fühlte seine Stomachalia gestärkt und war wieder der heitere, liebenswürdige Mensch, der er ist, wenn er das Praeceptorgesicht [UB14] abgelegt, und, ich verspreche es in seinem Namen, immer sein wird, wenn er Diaconus in Gabesan, glüklicher Gatte und Bienenvater geworden ist. (Anmerkung des Vetters nach Jahrzehnten: Mit dem Gabesaner Diaconat ist es nichts geworden, und mit dem Bienenvater wird es nun und nimmermehr nicht werden.)

Der Doctor führte uns hierauf zum Superintendent Thamerus [HP5]. Welch ein lebenswürdiger Mann! Ein 74jähriger Greis stand er wie unsers Gleichen unter uns Jünglingen. Sein frisches, gutmüthiges Angesicht, der freundliche Blik seiner Augen zog uns unwillkürlich an. Wir Loßianer wurden es besonders durch seine gütig lächelnden Züge um den Mund, die uns

als des Vaters und Vatersbruder unvergeßlich sind. Mit angenehmer Gesprä-
chigkeit sich über diesen und jenen Gegenstand verbreitend, wußte er bald
einen jeden ins Gespräch zu verflechten. Er zeigte ein so lebendiges Intreße
an Ereignißen, die als der neuesten Zeit angehörig, Alten selten behagen, ein
so richtiges Urtheil über Menschen und ihre Bestrebungen, eine wahrhaft
geistliche Sittenreinheit und Ruhe, daß mich die innigste Hochachtung für ihn
ergriff. So oft ihm eine die edelste Denkungsart offenbarende Äußerung von
den Lippen kam, schloß ich ihn im Geist in die Arme. Als er zum Abschied,
meinem Verlangen entgegenkommend, den Mund bot, war mir, als küßte ich
den aufrichtigsten und liebenswürdigsten Bischof meiner Kirche!

Gleicher Empfindung hatten auch die beiden Gefährten Raum gegeben,
und seines Lobes voll prießen wir unsern Freund glüklich, in der Nähe eines
so guten und weisen Mannes zu leben.

Auch dem Diaconus war noch, obgleich die Mittagsgloke schlug, eine Mor-
genvisite zugedacht. Er war in der Beichtkirche. Wir gingen einstweilen in die
Schulstube. Hier fanden wir ein Büchlein über feine Manieren, aus dem ich
dem Hofadvocaten das Nöthigste kürzlich beizubringen versuchte. Eben war
er im Begriff, die Rolle zu vertauschen und mich zu instruiren, da trat der
Diaconus ein, und ich legte ihm das Handwerk. Auch bei ihm, einem höflichen gebildeten Mann, wurden wir angenehm unterhalten.

Der Doctor speißte und tränkte uns hierauf wieder, und, wie gewöhnlich,
tantissime! Nachdem wir auf dem Sofa und Bett der Ruhe gepflegt, dann einige Blätter im Don Quixotte gelesen und uns munter gelacht hatten, brachen
wir auf. Der Weg zog sich am Schloßteich hin, der so reichlich mit Schilf über-
wachsen war, daß er wohl Schilfteich heißen könnte. Der Botanicer machte
auf einige grosblätterige Waßerpflanzen mit gelben oder weißen Blumen aufmerksam und nannte sie nach Linné, wie, mögen ihn meine schönen Leserinnen zu fragen selbst die Güthe haben. Ich habe trotz dem, daß ich heuer zum
drittenmahle angefangen, Botanic zu studiren, die Namen nicht merken können. Den ansehnlichen Teich links, rechts bergähnliche mit herrlichen Tannen
und anderen Bäumen bewachsene Höhen. Auf einem krumm und gerade laufenden Fußwege wandelten wir ein Stündchen. Ich in der Meinung, es gehe
geraden Weges nach Remißau, rathe selbst dazu durch einen Bauerhof zu
schleichen, in welchem der Doctor neulich gescholten worden war, und

dachte grosmüthig, die ganze Schwere des bäuerischen Zornes über den immer gangbarer werdenden Hofweg – wenn sich dieser Zorn nicht weiter täthlich äußerte – auf meine willigen Schultern zu nehmen. Aber es waren keine Lorbeeren einzuernten, wir gingen ungescholten durch die eine Thür und zur Andern wieder hinaus, und dahinter lag kein Dorf. „Groh", fragte ich, „sind wir bald in Remißau?" – „Wir gehen erst in den schönen Garten bei Waldenburg [OR8], dann auf dem Heimweg nach Remißau, dort liegt's." Nun stelle sich wer kann meine unangenehme Überraschung vor. An dem Dorf, das etwa noch eine Viertelstunde entfernt ist, soll ich vorbei und in den Garten, der wenigstens noch eine Stunde weit ist, und von dem ich mein Lebtag nichts gehört habe. Indeß was war zu tun, ich ging mit. Als uns Remißau zur Seite lag, gerathe ich unversehens unter eine Herde Kühe, von denen mich die stärkste ansah, als berechne sie nach mechanischen Gesetzen, wie hoch mich ihre Hörnen in die Luft schleudern würden. Meine Geistesgegenwart und schnelle Flucht retteten mich. Wir gingen weiter, ich oft nach der lebensgefährlichen Kuh mich umsehend, und von da hinüber zum alten Amtshaus, neben dem die Försterwohnung liegen sollte. Endlich kamen wir aus dem Gebüsch und zur Ansicht der Stadt Waldenburg, und rechts lag der Garten. Ein freundliches Lustschloß, mit Ziegeln gedekt und aus übermahlten Ziegelsteinen gebaut, wurde von der Gärtnerfamilie bewohnt, von der wir einige Flaschen guten Bieres empfingen. Erquikt wandelten wir im Garten aufwärts, gelangten zu einer Pforte, die uns ankündigte, der Ort sey der allgemeinen Erheiterung und stillen Naturbetrachtung geweiht. Wir sahen manche lieblichen Baumgruppen, Wiesenmatten, zwei verblühte Tulpenbäume und die Monumente, welche sich die gräflichen Ehegatten, Henriette und Otto, einander gesetzt hatten. Im Vorbeigehen machten wir einen grammaticalischen Schnitzer und einige gute Witze, die wir jedoch, wie denen bekannt ist, die uns näher kennen, nicht zu wiederholen pflegen. Auf dem höchsten Standpunkt hatten wir eine heitere Aussicht auf die umliegende waldige Gegend und das Dorf Remißau. Wie viel Reizendes ließ sich nicht dabei denken! Allein es war nichts desto weniger willkommen, als der Doctor den Rükzug commandirte.

Den vorigen Weg legten wir bald bis zum Dorfe zurük, gingen über die Mulde und eine Anhöhe hinauf. Vor dem Forsthause war ein Mädchen mit Heumachen beschäftigt. „Ist sie das?", fragte ich Groh. „Nein, die Schwester."

– Ich athme wieder freier. Wir treten in den Hof ein. Der Bruder kömmt uns höflich entgegen. Wir treten ins Haus. Die Mutter erscheint und nöthigt herein. Wir treten in die Stube. Niemand ist darin als der ehrwürdige, alte Oberförster im Sorgenstuhl krank sitzend und dem Doctor klagend, es gehe noch immer nicht besser, Appetit habe er wenig, und die Arznei helfe nichts. Er hätte gern etwas Stärkendes eingenommen und erfährt, die Kunst gebiete noch immer schwächende Mittel. Das ist ihm gar nicht recht, doch ergiebt er sich drein, zieht seine Wildschuhe an und begleitet uns in den Garten. Endlich fragt der Doctor nach der zweiten Tochter und sie ist - verreißt, 9 Stunden oder 9 Meilen (ich will meinen Lesern die Wahl laßen) nach Dresden zu. – Das ist doch fatal! Dachte ich, und meine schönen Leserinnen – wenigstens die eine – werden einstimmen. Dann unterhielt ich mich mit dem Sohn, einem Mann in meinen Jahren mit einem gedrungenen kräftigen Gesicht und einem gediegenen biederen Charakter. Auch der Vater nahm an der Unterhaltung theil und schien bisweilen seine Leiden zu vergeßen. „Wie kömmts", fragte ich unter anderem, „daß ihr Sohn hier nicht auch Förster ist. Zwar freue ich mich ihn zu meinem Stande zu zählen, aber an seiner Stelle wäre ich wie mein Vater ein Förster geworden." „Ach", sagte er, „wäre es nach mir gegangen, kein Gewehr hätte er in die Hände nehmen dürfen, und so leer ist's doch nicht abgegangen." Wir fragten ihn, warum er seinem Stande so abgeneigt sey, und er erzählte, es halte in hiesiger Grafschaft sehr schwer, eine einträgliche Stelle zu erhalten, und außerdem verleide ihm auch der Tod seines ältesten, hoffnungsvollen Sohnes den oft lebensgefährlichen Beruf. Auf unser Befragen erfuhren wir, dieser Sohn habe sich unglüklicherweise erschoßen. Wüßte ich auch die Erzählung so einfach wiederzugeben, wie sie uns mitgetheilt wurde, ich würde doch meinen Worten die tiefe Wehmuth nicht einhauchen können wie der Vater, dem der Schmerz im Herzen und auf der Zunge saß.

Hier nur die Hauptmomente: Er kauft dem 15jährigen guten und talentvollen Jüngling eine kleine Jagdflinte, die nachläßig reparirt wird. Eines Tages führt derselbe die Aufsicht über die Pflanzer im Auftrage des Vaters, der in einem entfernten Revier Geschäfte hat. Die Pflanzer machen Mittag. Er geht tiefer in den Wald, um wie er sagt, einige Vögel zu schießen. Der Vater kömmt zurück. „Erschreken Sie nicht", ruft ihm vor dem Dorf ein Bekannter zu, „ihrem Sohn ist nicht wohl." Er erschrikt natürlich; ihn ahnt nichts Gutes; reitet eilig. Im Dorf begegnen ihm ein paar Holzhauer, sie sagen ihm, der Sohn habe sich geschoßen, doch er lebe noch. Er reitet eiliger; wie er vor sein Haus kömmt, trägt man den Sohn, den lieben Sohn blutend und leblos ins Haus; der Schuß hat ihm die Hirnschale zerschmettert. Den Vater verlaßen die Gedanken. Er erholt sich nach einiger Zeit, vernimmt des Sohnes Stimme noch einmal, und hört dann – er kann ihn nicht sterben sehen – der Sohn ist tot. – Nun vermeidet er alles, was ihn an seinen Verlust erinnern dürfte, verbietet seinen Leuten ihm zu sagen, wo sie den Unglüklichen gefunden, weicht auf's Sorgfältigste den Stellen aus, wo es etwa geschehen seyn könnte, bis er nach Jahren ein Stükchen Papier aufhebt, in welchem sich der Sohn vor dem unglüklichen Schuß einen Laubfrosch mit nach Hause nehmen wollte. „Nun wußte ich leider, wo sich mein Sohn erschoß!"

Wir beklagten den Oberförster, Arad ist sein Name, gerührt und voll Theilnahme. Wer hätte sie nicht empfunden. Darauf erzählte er weiter, wie der zweite Sohn nicht Jäger werden soll, und sich drein ergiebt, aber auch kein Handwerk lernen mag. Er bittet den Pfarrer des Orts ihn zu unterrichten und ein gutes Wort beim Vater einzulegen, daß er studiren dürfe. Der Vater willigte ein, und der Sohn saß unter uns, ein würdiger Candidat des Predigeramts.

Wir verzehrten darauf ein kleines Abendbrot in der Hütte, und gingen dann ins Haus zurük, um Abschied zu nehmen, und wer war indeßen gekommen? Die erwünschte Reisende. Aber es war so dunkel geworden, daß es keine Möglichkeit war, ihr ins Angesicht zu sehen und zu erkennen, wie sie gestaltet war. Gern hätte ich die neidische Hülle weggerißen, aber sie wurde immer dichter, gern Funken aufgeschlagen, aber ich hatte das Feuerzeug nicht in Händen, gern gewartet, bis man Licht gebracht, aber die Freunde hatten schon Abschied genommen. Ich kann nicht länger bleiben. – Eine Hoffnung! Sie redet ihrer Schwester zu, uns mit ihrem Bruder zu begleiten. Diese aus städtischem Gefühl der Unschiklichkeit willigt nicht ein. Wir gehn, wir gehn, und ich ging auch und sehe sie vielleicht nie.

Der Bruder begleitet uns weit. Es wurde Nacht. Die Gegend wurde düster. In meiner Seele stieg eine ernste Erinnerung auf. Der Candidat kehrte zurük. Ich faße Groh in den Arm und sage: „Groh, das war ein schöner Tag!"

Drittes Capitel: Tharand

„Fahren ist doch besser als gehn", sagte ich zu meinen Begleitern, von denen der eine in des Doctors Flausrok neben mir, der andere in des Actuars Mantel gehüllt vor mir saß. Der Postmeister hatte sich nehmlich willig finden laßen, uns für 6 rl [UB15] nach Oederan, also 10 Stunden weit, zu fahren. Wir hatten geschlafen, eingepakt, Abschied genommen, fuhren gegen 4 Uhr früh zum Glauchauer Thor hinaus. Nach einigen Worten hin und her schlossen wir unsere Unterredung damit, daß wir Helmershausens Rath befolgten, uns in die Kutschenecke legten und schliefen. Als nach einer oder einigen Stunden bergunter rasch und stoßend gefahren wurde, sahen wir auf. Es war Tag; etwas kühl und trüb, aber nicht unfreundlich. „Wie heißt der Ort, Schwager?", fragte ich. „Hohenstein" [OR9]. „Hohenstein", wiederholten wir, und schauten die Stadt an. In der Tat lag der eine Teil der Stadt hoch, der andere am Abhange des Pfaffenberges, an dem sich das Städtchen Ernstthal anschloß, sehr angenehm. Wir übersahen die weite Ebene - hügel-, feld-, holz- und dörferreich - der es, vom hie und da durch Wolken schimmernden Sonnenlicht erhellt, auch an den nötigen Schatten nicht fehlte, wie es der Herr Vetter kunstverständig bemerkte. Die Stadt selbst zur Herrschaft Glauchau gehörig hat 402 Häuser und 3.000 Einwohner, treibt Bergbau auf Silber, vorzüglich aber Weberei. Man findet hier auch Serpentinstein, Achatkugeln, Calcedon [UB16] u. dgl. Wir fuhren durch einige wohlgepflasterte Straßen und sahen uns nach frischen Semmeln und Mädchen um, aber vergeblich. Da und dort öffnete ein junger Ladenbursch oder eine ältliche Hausfrau Thür und Fensterladen und empfingen die von uns anderen zugedachten Morgengrüße. Unsere holdselige Freundlichkeit überraschte sie anfangs, dann, wenn sie den Schabernak merkten, lachten sie über sich und uns. Endlich kamen wir zu einem Bäkerladen, der unsern Wünschen zu entsprechen schien. Hinter dem Fenster saß in leichtem Morgenhabit ein nettes Jüngferchen, und als sie das Fensterchen aufschob, sah ein niedliches Gesicht mit blauem Aug' und blondem Haar heraus. Wir beugten uns alle drei zum Kutschenschlag weit hinaus, versicherten auf der ganzen Reise nichts Schöneres gesehen zu haben und fragten nach frischen Semmeln. „Sie sind noch nicht gebaken", sagte das Mädchen bluthroth, und weg war sie. „Es macht nichts aus", sagte der Schwager, „in einer Stunde kömmt ein guter Gasthof, da können sie Semmeln erhalten und was sie wollen." Er fuhr fort. Bald erreichten wir das Wirthshaus. Wir stiegen aus und genoßen zu einem Glas Branntwein einige Stüke Kuchen, die leicht aufgebaken und mit einer zarten Kruste von Ei und Safran bestreut unserm thüringer Bakwerk das Wasser nicht reichten. Wie höflich sie auch die Wirthin bot, uns wollten sie nicht recht schmeken. Wir stiegen wieder ein. Der Himmel klärte sich auf, die Straße wurde belebter, die Gegend erzgebirgisch.

Eine Stunde vor Chemnitz rief Glokengeläute fern und näher tönend zur Sonntagsfeier. Aus mehreren Dörfern zogen Männer und Frauen, Kind und Kindeskind, gepuzt, langsam, die Gesangbücher unterm Arm neben unserm Wagen nach der Pfarrkirche der Stadt. Obwohl uns ihre langschleppige Tracht nicht gefiel, auch selten eine angenehme Gestalt aufzufinden war (einen Herrn Förster nebst junger Frau ausgenommen), so ist es doch etwas Feierliches, zahlreiche Gruppen, familienweis, andächtig in die Kirche wallfahren zu sehen. Wer beschreibt, wie unserm guten Vicar of Cimmern dabei zu Muthe war? Froh, weil er nicht zu besorgen brauchte, die heutige Predigt misglüke ihm, fromm, weil heut Sonntag war und die Gloken läuteten, beruhigt, seine Gemeinde nicht ohne geistlichen Trost zu wissen, nachdenkend, worüber er wohl gepredigt haben würde, saß er da und wäre gern aus dem Wagen gesprungen, um den Kirchgängern zuzurufen: „Bleibt einmal stehen, liebe Freunde, hier oben ist der Himmel und ich bin Evangelist!" Allein die Gefährten, deren sonntägliche Heiterkeit mit zwei Streifen von Leichtfertigkeit durchwebt war, ließen es nicht dahin kommen, daß man bald darauf in allen Zeitungen gelesen hätte, es sey erschreklich, Reisende streuten nicht bloß Tractäte aus, sondern hielten selbst auf offener Straße Menschen an und predigten.

Der Wagen hielt vor dem Stadtthor. Ein grüngekleideter Stadtsoldat öffnete es und forderte Speergeld. Indem wir durchfuhren, fragte er: „Um Vergebung, die Herren sind wohl Studenten?" Wir waren schon zu weit entfernt, um die Frage ausführlich zu verneinen, und die Begleiter sagten: „Ja". Mitten auf dem Markt ward wieder Halt gemacht. Der Schwager ging nach einem entlegenen Hause, um sein Pflastergeld [UB17] zu entrichten und Erlaubnis zum Durchfahren einzuhohlen. Der Hofadvocat begab sich mit dem Corrector – Conrector, Präceptor, Candidat, Carl, mein Vetter, Herr Vetter und Vetter ist ein und dieselbe Person, nähmlich der derzeitige Catechet an der Prediger-Mädchenschule in Erfurt - in die Kirche. Als sie zurükkamen, lobten sie diese und die zahlreiche Versammlung. Ich stieg aus, um den Hofadvocaten als Wagenwache zurükzulaßen und mit dem Vetter eine Karte vom Apotheker Bilz in Erfurt in der hiesigen Löwenapotheke abzugeben.

Wir fanden seine Wohnung bald. Ein Subjekt beantwortete unsere Grüße sehr höflich und ging nach einigem Zaudern in die Stube, um den Herrn Prinzipal auf unser Verlangen herauszurufen. Nach einigem Verweilen erschien er, ein kleiner Mann, verlegen, was er mit uns anfangen sollte. Hinein durfte er uns nicht gehn heißen, seine Frau zog sich wahrscheinlich an; hausen uns stehen zu laßen, recommandirte Fremde, mochte ihm unhöflich erscheinen, kurz, er war so betreten, wie man es nur seyn kann. Vielleicht geht es aber auch andern wie mir, ich bin nie weniger verlegen, als wenn es andere sind, und nie beredter als vor einem Schweigsamen. Kurz ich hohlte, nachdem ich versichert, wir müßten gleich wieder gehn, zu einer weiten Rede aus, die einige leicht zu beantwortende Fragen enthielt, und sich eben wie ein rauschender Bach in einen rauschenderen Strom ergießen wollte, als der nachgefahrene Wagen draußen hielt und sich als Wehr entgegenstellte. Den guten Mann hatte indeß meine Beredsamkeit angestekt. Er bedauerte, daß wir schon gehn, Nachmittags nicht wiederkommen, jezt schon fortfahren wollten. Auch mir war es leid, diese Bekanntschaft so schnell abbrechen zu müßen, weil ich überzeugt war, in dem Freunde eines von mir geachteten Mannes keinen Alltagsmenschen zu finden. Eine Überzeugung, in der mich seine hohe Stirn, sein betrachtendes Auge und seine Verlegenheit bestärkte, als welche allen eigenthümlich ist, die mehr mit Wissenschaften als mit dem Welt-Leben bekannt in ähnlicher Lage überrascht werden.

Wir verließen Chemnitz, eine betriebsame Handelsstadt von 884 Häusern und 12.000 Einwohnern, einer lateinischen Schule, Bibliothek, Superintendur, Kattundrukerei, Haupt- und Amtsgeleite [UB18], Postmeister, Zeug- und Baumwollmanufakturen, zwei Jahrmärkten, nahegelegenen Steinbrüchen und Bergen. In ihnen findet man Steinmark [UB19], Jaspis, Calcedon usw., wie der Geograph Leonhardi in seiner Erdbeschreibung der churfürstlich und herzoglich sächsischen Lade Leipzig 1799 p. 171 berichtet.

Die Häuser liefen an einer langen Anhöhe allmählich aufwärts, links wurde das Thal, in dem uns die Flüßchen Flöha und Zschopau entgegenrauschten, von Bergen begrenzt. Von einem derselben blikte die Augustusburg aus trüben Regenschauern matt hervor. Einer dieser Regenschauer zog schnell heran und im Guße nieder, den anderen sind wir auch nicht entgangen, wie die Folge lehren wird. Wir zogen die Regenleder zusammen, hörten die Regentropfen über unseren unbenezten Häuptern niederklatschen, stopften ein Pfeifchen und sprachen über die vergnügten Tage in Glauchau. Dem Doctor wurde allgemein das Lob beigelegt, er sey fast noch liebenswürdiger als früher. Unbeschadet seines festen, ernsten Charakters habe er sich eine gewisse Fügsamkeit und ruhige Heiterkeit angeeignet. Auch sey der Einfluß unverkennbar, den seine jezige Lage und ein bestimmter Wirkungskreis wohlthätig auf ihn äußere. An ihm sähe man nicht nur den Spruch der Weisen bestätigt, daß ein Mann, der unausgesezt sein Ziel verfolgt, es erreiche, sondern auch die seltenere Erscheinung, daß ein edler Geist im Kampf mit gemeinen Sorgen und vielfachen Hindernißen siegen könne, ohne die inhumane Schroffheit und den Übermuth anzunehmen, mit der einige auf andere verächtlich herabblikten, als rühmten sie sich der errungenen Palme. Seine Mutter, meinten wir, sei ein vortreffliches Weib, ihres Frohsinns und ihrer Herzensgüte wegen verdiene sie es, einer heiteren Zukunft in der allgemeinen Anerkennung der Verdienste ihrer Söhne entgegenzusehn. Der Botanicer, ein tüchtiger Mann, solid, voll Kraft und Biederkeit, werde sein Ziel bald erreichen. Die Schwester ein sehr angenehmes Mädchen und des besten Mannes würdig. So sprachen Freunde über den Freund und die Seinen.

Unterdeß ließ der Regen nach, der Schwager zeigte uns Lichtenwalde und Ebersdorf und berichtete fälschlich, hier sey Prinz Albrecht vom wakren Triller (Georg Schmid) befreit worden. Dies geschah bei Schwarzwald und Grünhayn auf dem Fürstenberge. In Ebersdorf erhielt der Köhler ein Freigut, frei Holz zum Brennen und einen Gnadengehalt von vier Scheffeln Korn, das noch jezt der Älteste aus der Familie bezieht. Die Churfürstin Margarethe machte in Ebersdorf ein Vermächtnis. Sie hing zur Erinnerung in der Kirche des Orts die Kleider des Prinzen und des Köhlers auf, wo sie noch zu sehen sind, wie der Schwager der Wahrheit gemäß versicherte. Wäre der Ort zwei Stunden näher oder wir nicht im Wagen gewesen, so würden wir ohne Zweifel melden können, die Kleider wären durch die Länge der Zeit ganz unschimmer geworden und die ehemalige Farbe nicht mehr zu erkennen.

Gegen 11 Uhr erreichten wir Oederan, eine Stadt von 2.000 Einwohnern, von denen viele eben aus der Kirche kamen. Bedauernd, nicht bis Freiberg fahren zu können, tranken wir einen Kaffee, schikten Rok und Mantel nach Glauchau zurück, nahmen vom Schwager, einem der besseren seines Standes, Abschied, die Ranzen auf den Naken und wanderten vielseitig begafft und höflich wie sich's ziemte durch das etwas rußige Landstädtchen unsere Straße. Unterwegs merkten wir schon an den Häusersteinen die erzhaltige Natur der Gegend, und die Anfahrt in einen Schacht wurde vorläufig beredet und beschloßen. Ohne Abenteuer und Aufenthalt schritten wir schnellfüßig vorwärts. Hinter Oberschöna erreichten uns aber die Augustusburger Regenschauer, erst sanft sprühend, dann unsanft gießend, endlich stark niederströmend, so daß wir bis auf den Flek, wo der Ranzen saß – um von der trivialen Floskel, bis auf die Knochen abzugehn – durch und durch naß wurden und einstimmig erklärten, gern noch einmal so naß werden zu wollen, wenn's nur mit einem Tage abgethan sey.

„Blitz, wie die muntren Dirnen schreiten!", so hätten wir mit dem göthischen Schulfuchs sagen können, wär' uns der Spruch eingefallen, als uns von Freiberg herauf eine Schaar Bürgermädchen begegneten, die mit Regenschirmen wohlversehen, einem ländlichen Ball entgegengingen. Im Gespräch untereinander und die Schirme mehr vor als über sich haltend, bemerkten sie uns nicht und schrien und erschraken gewaltig, als wir ihnen die Schirme festhielten und unser Bedauern über das Regenwetter und ihre weißen Strümpfe zu erkennen gaben. Sie mußten sich mit dem Namen des besten Gasthofes leichter lösen, als sie erwartet hatten, und hätten gern gewußt, wer und woher wir eigentlich wären, denn aus Constantinopel, wie wir vorgaben, schienen wir ihnen nicht zu seyn.

Wir betraten hierauf Freiberg, eine Königlich Sächsische Hauptbergstadt von fast 1.070 Häusern und 15.000 Einwohnern, mit einem Oberbergamt, Bergacademie, Bergarchiv, Bergschöppenstuhl, Oberhütten- und Austheileramt, einer Mineralienniederlage, Edelsteininspection, dem Schloße Freudenstein, Dom und Peterskirche usw. Wir logirten uns empfohlenermaßen im goldenen Stern ein. Mit trokner Wäsche, einem Mittagsmahle und dem Erlaubnisschein einzufahren versehen, überlegten wir lange, was wir thun und unterlaßen wollten. Endlich erschien den Zweifelnden das Beste, die Bergfahrt für heute aufzugeben, und die nähern Merkwürdigkeiten der Stadt im

Regenwetter zu besehn. In der Apotheke am Markt gaben wir eine Empfeh-lungscarte ab und erfuhren, der Herr sey nicht zu Hause. Die heimgebliebe-nen Subjekte beschrieben uns genau, wo der blutblaue Stein den Ort bezeich-net, auf dem Kunz hingerichtet worden sey. Dessen Kopf am Tathhause fan-den wir ungefragt – den Stein nach langem Suchen nicht. Wir lobten ihre Höf-lichkeit, die den Weg von 20 bis 30 Schritten scheute, um Fremden mit der Nase auf eine Sehenswürdigkeit zu stoßen. Dann traten wir in die Domkirche ein. Ein altes, ehrwürdiges Gebäude! Neben der neuen stand die alte Kanzel, aus Stein schnekenförmig gebaut. Ich bestieg sie, schaute tief hinab und schwindelte bei dem Gedanken, so hoch predigen zu müssen. Der Altar war einfach, aber geschmakvoll. Die hintere Kirche enthielt auf Postamenten ste-hende bronzenen Gestalten der alten Churfürsten und Churfürstinnen und neben ihnen in weiße Marmorplatten eingegrabene Innschriften mit ihren Na-men und Lebensbegebenheiten. Merkwürdig ist das eben da befindliche, von einem Italiener verfertigte kunstreiche Mausoläum Morizens von Sachsen, seine Rüstung und die von ihm in Kriegen erbeuteten Fahnen. Dann betrach-teten wir von einem Kreuzgange aus ein sehr altes, im deutsch-griechischen Styl gebautes Portal und nicht fern davon die Steinplatte, unter welcher die Gebeine des thätigen Mineralogen Werner [HP6] liegen. Ich habe eine beson-dere Vorliebe für den Mann, der eine so tiefe Einsicht in eine mir unbekannte und doch mir so werthe Wissenschaft besaß und auf der ganzen Erde ver-streute Steine in eine Ordnung brachte, daß ich ehrfurchtsvoll wünsche, in meinem Fache zu wirken wie er! Requiescat in pace! [UB20]

Da der Regen etwas nachgelaßen hatte, so besuchten wir noch den uns empfohlenen, in der Vorstadt wohnenden Hüttenmeister Richter. Ein Mann wie der selige Secretair Zier in Blankenhayn, wer ihn gekannt hat, nur jünger von Jahren und munterer von Ansehn. Freundlich und gefällig zeigt er uns zwei kleine Naturaliencabinette, sprach viel von seinen Schriften und brachte sogar eine derselben nebst lobreicher Recension herbei, damit wir uns ja von seinen vorzüglichen Kenntnißen und anerkannten Verdiensten hinlänglich und augenscheinlich überzeugen und das Glük, einen Mann wie ihn kennen gelernt zu haben, nicht gering anschlagen möchten. Er nöthigte uns einige Complimente ab, die er mit selbstgefälligem Lächeln erwiderte. Der gute Mann! Er fühlte nicht, wie schwer die Mittel zu erwerben sind, durch die man zu den Quellen steigt! Übrigens haben alle solche Männer einen starken Patron an meinem Vetter, der meinte, die Gelehrten wären alle so. Da muß einem grauen, ein Gelehrter zu werden. Freilich hat er im Allgemeinen recht, denn die Befangenheit mit der die meisten von ihnen in ihrer Wißenschaft sich bewegen, als sey sie ein von Welt und Leben abgesondert liegendes Zauberschloß, wiegt sie allmählich in dem Traum, sie hätten den Schlüßel zu dem großen Universaluhrwerk in den Händen. In der That sind sie aber die Kerkermeister des wahren, lebendigen Wißens und die Speiser einiger Hundert im Treibhause unserer gelehrten Schulen verkrüppelten Jünglinge, die, wenn die Herren mit den Schlüßeln raßeln, die Harmonien der Sphären zu hören glauben. So sind freilich unsere Gelehrten dem gewandten und sein oft dürftiges und oberflächliches Wißen schnell dem Leben anpaßenden und durch dasselbe belehrten Franzosen ein Gräuel und Spott! – Andere dagegen verlieren sich in der Suche nach Vielseitigkeit in ein Labyrinth, aus dem sie den Weg hinaus nicht finden, drum setzen sie sich irgendwo fest und werden Kleinigkeitskrämer, die jedem Vorübergehnden zurufen: „Ich besitze alles, treten sie herein!" Wieder andere treibt der eigene Dünkel und fremder Weihrauch so hoch, daß sie alles erkennen und begreifen und sich selbst vergöttern und ach und weh schreien, wenn der junge geniale Titan den Thron erschüttert, auf dem sie in luftigen Wolken lange behaglich geseßen. Ferner – doch ich merke, ich fange selbst an, gelehrt zu werden, breche also ab und bitte meine Leserinnen den guten Richter weder unter die erste noch dritte, auch nicht einmal unter die zweite obengenannte Gelehrtenclaße zu setzen, sondern neben sich. Denn seine Eigenliebe ausgenommen, war er ein guter lieber Mann, manierlich behäglich; haltet ihm eine kleine Strafpredigt und schikt ihn nicht zu bald nach Hause, denn ich glaube nicht, daß er es bei seiner großen, dicken Frau sonderlich gut hat.

Die übrige Zeit des Nachmittags brachten wir einsilbig in einem leeren Kaffeehause zu, in welchem wir bei einem mittelmäßigen Glas roten Weines einiges von einem freiberger Kaufmann von dem zunehmenden Verfall der einst blühenden Stadt und über zwei Redouten [UB21], die hier jährlich gehalten werden, langweilig genug unterhalten wurden. Abends legten wir uns verstimmt – es regnete wieder stärker – zu Bette. Helmershausen rieb sich Opodeldot in die Füße, ich klagte über Zahnschmerzen, und der Vetter sagte voraus, der Herre Sternwirth werde uns prellen, denn die schleichende Höflichkeit solcher Leute kenne ich, sagte er. Endlich kam der Schlaf und tags darauf das Erwachen, zwei Seelenzustände, die mehr Lob und genauere Betrachtung, als man ihnen gewöhnlich widmet, verdienen. Aufspringen und Wetterbeobachtungen anstellen, war das Werk eines Augenbliks. Der eine versprach sich einen trüben Morgen und hellen Tag, der andere prophezeite mehr Regen als Sonnenschein, der dritte sang mit Shakespearn: der Wind macht troken, der Regen macht naß. Wie dem aber auch seyn würde, wir waren froh, daß es vor der Hand nicht regnete und beschloßen in die ¼ Stunde entlegene Himmelfahrt [UB22] einzusteigen, in die Stadt zurückzukehren und den Weg, wär's auch unter Donner und Blitz und Schlakerwind, fortzusetzen.

Wir kamen auf der Himmelfahrt an, gaben im nahegelegenen Häuschen unsern Fahrschein an den Steiger ab und wurden in ein Stübchen gewiesen, wo ein Bergmann uns unsere Röke aus und die Bergkittel anziehen half und jedem ein Laternchen an die Brust hing. Nachdem wir uns eine Zeit lang wohlgefällig betrachtet (wir sahen aus, als wären wir im Bergwerk jung und alt geworden), unsere werthen Character und Namen ins Fremdenbuch eingetragen und gelesen hatten, daß selbst Frauen und Jungfrauen in den tiefen Schacht eingestiegen waren, brachen wir auf und demselben entgegen. In abgemeßenen Pausen, eintönig, hell, aber melancholisch klang das Glöklein oben, als säng' es uns prophetisch warnend an:

Junge Männer aus der Ferne, kling,
Geht zurük zum goldnen Sterne, kling
Anzufahren, auszufahren, kling,
Bringt Euch Unheil und Gefahren, kling

Deßungeachtet stiegen wir ein – fuhren an – der Bergmann voran, ich im Bewußtseyn, es geschehe nicht aus Leichtsinn, auch nicht aus Neugierde, sondern aus reinster Wisbegierde und weil es unschiklich wäre, die Gefährten zu verlaßen, mit lobenswerter Bedachtsamkeit hinterdrein. Mir nach der Vetter, dann der Advocatus. Zwar sind diese Bergwerke ihrer vortrefflichen Einrichtung wegen weltberühmt, aber meine geneigten Leserinnen glauben mir doch wohl, daß wir anfangs nichts sahen, als über uns einen immer mehr, dann ganz, verschwindenden Lichtpunkt, um uns eine in Nacht überfließende

Ortsbetrieb und Streckenförderung in der Himmelfahrt Fundgrube (um 1850)

Dämmerung und unter uns 1½ Speichen, von Grubenlicht zweideutig erhellt. In die Form einer verkrüppelten deutschen fünf eingezwängt klimmten wir tiefer und tiefer hinab. Nach und nach stieg das aufgeregte Blut wieder in die Herzkammer zurück, und beim matten Schimmer unserer leuchtenden Brust sahen wir über uns die steile Bergwand hinablaufen, neben uns rechts hölzerne Röhren mit Bergwasser gefüllt und links die Maschinen, die den einen leeren Kasten hinab, den gefüllten aufwärts zogen.

Wie wir einige Gezeuchwerke zurükgelegt hatten und etwa ½ Stunde gestiegen waren, wurden wir immer muthiger und sahen und hörten immer mehr. Dumpfes Pochen der Arbeiter, feuchtes, schleifendes Tönen der Kasten, abgeworfenes, tiefes, stoßendes Getös der Waßerpumpen, hohles, fürchterliches Brausen und Rauschen des großen Waßerrades umgab uns, und indem wir die Natur in ihrer nächtlichen Wirksamkeit und die Kunst erfinderischer Menschen bewunderten, wurde das Herz erhoben und zu großen Gedanken aufgelegt. Alle Ängstlichkeit verschwand, wir gaben uns ruhig den Eindrüken dieses Nachtlebens hin. Auf einmal krachte es, als wollte der Berg über uns einstürzen. Was ist das? –„Es wird gesprengt", sagte der Bergmann und führte uns durchnäßt von Schweiß und Waßer in einen Gang ein. Auf sicheren Brettern, Waßer unter uns, schritten wir näher, sahen die künstlich gewölbte Halle und über uns die silberhaltige Erzader blinkend durch den Felsen laufen. „Sie läuft durch die ganze Erde", sagte der Bergmann. Wir lächelten seiner Einfalt.

Jezt zog uns schweflicher Pulvergeruch und Dampf entgegen und mit einem freundlichen „Glük auf!" traten wir zu zwei Bergleuten, die eben im Begriff waren, aus der gesprengten Maße das Erz zu sondern und fortzuarbeiten. Gefällig zeigten sie uns ihre einfachen Werkzeuge und deren Gebrauch. Auf Händen und Füßen krochen wir dann wieder aufwärts in andere Schachten und Gänge und, nachdem wir alles zur Genüge gesehn, bewundert und angestaunt, stiegen wir auf der nun bekannten Bahn muthig, nach dem Tageslicht begierig und so schnell auf, daß wir kochend und schweißtriefend oben ankamen. Der Führer, später nachgekommen, versicherte bedenklich, führen sie so schnell, so wären sie nach einem Vierteljahr tod.

Dieser Schacht ist nur 650 Fuß tief. Einst hatte ich im Schieferbruch bei Rigmont in Belgien 300 Toisen [UB23] tief in der Erde den unstreitig erhabeneren Anblik eines weiten, hohen, domähnlichen Gewölbes, in dem sich mehr als hundert Lichter schauerlich bewegten wie Fakeln bei einem Leichenzug, und vielfach widerhallende Hammerschläge trafen die mit einem wollustigen Grauen erfüllte Seele. Ein Silberbergwerk aber hatte ich noch nicht gesehen, fast alles war mir neu, bewunderungswürdig und lehrreich.

Es war uns leid, daß der Bergmann das gute Vorurtheil, das wir für ihn und seines Gleichen hatten, durch seine Habsucht verminderte. Wir gewährten ihm zwar eine Forderung nach der anderen, allein er schien nicht befriedigt. Doch brachte er zum Schluß einige Mineralien, die wir mitnehmen könnten, sagte er, wir müßten sie aber für gefunden ausgeben. Eben wollte ich sagen: „Darf ich sie nicht ehrlich haben, so mag ich sie nicht", da steckte der Vetter das beste Stück ein und nöthigte mich schnell und schweigend nach dem anderen zu greifen.

„Gar lieblich ist der Sonne Licht zu schauen", hätten wir gern ausgerufen, wenn sie nur zu schauen gewesen wäre. Sie lag hinter düsteren Wolken tief verstekt und erregte wenig Hoffnung zu einem heiteren Tag. In den Gasthof zurükgekehrt, zahlten wir unsere Zeche, die, wie der provisorische Conrector vorausgesagt, theurer als billig war, und gingen dann auf der meißner Straße zu dem etwa eine Stunde von der Stadt entlegenen Amalgamierwerk [UB24]. Es lag in einem Thal, und stoßweise aufwallende Rauchdämpfe sowie ein mit ausgebrannten Erzschlaken bestreuter Nebenweg, den wir einschlugen, ließen es uns bald finden. Hinter schwarzen, hoch aufgeworfenen Schlakenhügeln lagen 6 bis 8 ansehnliche, eingeräucherte Gebäude. Im hintersten, eigentlich dem ersten, trafen wir den Hüttenmeister, Herr Fischer – irr'ich nicht - genannt. Der Mann sah aus, als hab er einen guten Kopf, ein gutes Herz, einen guten Magen, eine gute Frau, ein gutes Amt und dergleichen gute Dinge mehr. Überdieß gehörte er zu den Personen, zu denen man, sie auf den ersten Blik lieb gewinnend, sagen möchte: „Ist mir doch, als hätte ich schon die Ehre gehabt sie zu sehen". Zutraulich ging ich ihm entgegen und bat um Erlaubnis, das Werk mit meinen Begleitern besehn zu dürfen. Gefällig führte er uns in eine Stube und übergab uns einem jungen Mann, der uns in stiller Rükerinnerung an seine akademische Laufbahn durch mehrere Gebäude zurückführte und alles von Anfang bis Ende genau zeigte. Nur verstand ich vorher so wenig von diesem Fach, daß ich alles nur halb begriff und nicht im Stande bin, genau zu beschreiben, wie man das Erz, gesondert von dem, was füglicher geschmelzt wird, zerstößt, röstet, durchsiebet, aus einer Mühle in die andere bringt, wäscht, troknet, mit Queksilber vermischt, wieder röstet, wieder mählt usw. bis es durch einen Cylinder in einen ledernen oder zwillichenen Beutel herabfällt, in dem das Queksilber durchläuft, das Silber geschieden und rein 6 bis 8 Loth vom Centner (Erz) zurükbleibt. Aber schreklich, meine Damen, war die weishelle Gluth in den Röstöfen anzusehn und noch schreklicher der Ziegelstein, an dem - ein Arbeiter hob ihn heraus – der glänzendweise Arsenik dicht und faßrig hing, wie Schnee an einem Tannenzweig. Es wäre Euch und keinem zu verdenken, wenn ihm dabei die Haut schauderte, und er die Menschen bedauerte, die vor diesen Öfen schwitzen und für geringen Taglohn einen frühen Tod allmählich einhauchen. In den Schmelzhütten war heute nichts zu sehen als Rauch, Feuer, Asche und Steinkohlen, erst gestern hatte man ausgestoßen. Wir dankten daher unserem Führer für seine Bemühung und gingen weiter, nicht auf die meißener Straße zurük, sondern

48

südöstlich, durchschnitten bei Neuendorf die dresdener Straße und fanden nach einigen Irrgängen den Weg nach Tharand. Dahin wollten wir jetzt, um die sehenswerte Parthie nicht von Dresden aus machen zu müssen.

Kaum waren wir im tharander Wald angekommen, so regnete es nachdrücklich und in einem fort. Durchnäßt kehrten wir in einem Straßenwirthshause ein, tranken einen guten Kaffee und wadeten beherzt weiter. Eine halbe Stunde vor Tharand öffneten sich der Wald und der Himmel. Eine lachende hügelige Thalgegend mit Häusern, Gärten und Feldern, an denen sich Nebelwolken aufwärts kräuselten und höhere Gegenstände bedekten, stellte sich uns dar. Als wir abwärts schritten, kam uns ein Straßenfuhrmann entgegen. Der Hofadvocat ging auf ihn zu, reichte ihm zum Gruß die Hand und sagte: „Lebwohl, wir sehen uns im Leben nicht wieder". Das frapirte ihn. Dann erreichten wir einen heubeladenen Wagen, auf dem ein grüngekleideter Kutscher und ein Taglöhner saßen und uns neugierig betrachteten. Sie wurden es noch mehr, als wir es ihnen wie Zigeuner am Gesicht absahen und sagten, der eine sey des Forstraths Kutscher und aus Eisenach – seine Sprache verriet ihn – und der andre sey Taglöhner aus der Stadt gebürtig. Im Gespräch mit ihnen stiegen wir einen tiefen, schauerlichen Grund hinab, ahnend, welche reitzenden Genüße uns bevorstünden und traten in das im Thal sich hinziehende, von hohen Waldbergen eingeschloßene Städtchen.

Das Lehngericht nahm uns wirthlich auf, und ein sehr gutes Abendbrot und trokne Wäsche gab uns bald die erwünschte und eigentlich nicht verlorene Heiterkeit und Laune. Der Vetter hatte bereits mit der hübschen Wirthstochter Bekanntschaft angeknüpft und von ihr erfahren, heute Abend um 8 Uhr sey ein Schauspiel, die Hussiten vor Naumburg. Das kam uns gelegen. Der schlecht geschriebene Comedienzettel ließ weniger als gewöhnliche Mittelmäßigkeit erwarten. Die beneficirende Schauspielerin bath flehentlich um zahlreichen Besuch; wir gingen hinein. In einer bretternen Budike neben dem Badehause hatten Thaliens der Schule entlaufenen Stiefkinder den Tanzsaal zum Musentempel eingeweiht, das Orchester zum Balcon eingerichtet und ein leichtes Gerüst als Galerie aufgeführt. Die Blöse der klapprigen Scene war mit einem Vorhang sittsam verhüllt, der aussah wie das Lieblingskleid, in welchem die alte Christine selig, eine alte Hausgenoßin, war in den Sarg gelegt worden. Als Leute, die sich nicht scheuten, einige Aufmerksamkeit auf sich zu ziehen, sezten wir uns Parterre auf den ersten Platz, dicht an die eine Reihe Pfeifen und Geigen. Ich unter beiden der bescheidenste saß neben einem mit rothem Schawl überlegten Stuhl, der Vetter neben einem artigen Frauenzimmer, das ihm entweichend den Sitz an ihre jüngere Schwester abgab, und der Hofadvocat, glaub' ich, neben einer bejahrte Dame, die wohl bei niemand eifersüchtige Besorgnisse erwekte. Ehe der Vorhang aufgezogen wurde, trat ein ansehnlicher Herr in einen diken Matir gehüllt, mit dem Sanct Annenorden gezieret in unsere Reihe, begrüßte mich und die Damen hinter mir sehr höflich und hob mit der Versicherung, seine Frau habe ihn hergeschikt, den Schawl auf und setzte sich nieder. „Hätte dich deine Frau wo anders hingeschikt!", dachte ich und nahm, um ihm Gelegenheit zu geben, sich seine zudringlichen Fragen selbst zu beantworten, die Physionomie eines nicht durch den Ernst der Wißenschaften verdüsterten grimmigen Studentengesichts an. Das war mein Unglük. So hielt er mich für einen gutbesoldeten Theatercriticus, der nächstens im Dresdener Mercur diese Schauspielergesellschaft aufs Äußerste beschimpfen und sein Befremden ausdrücken werde, wie in Tharand und von Personen, die Kunstsinn und Bildung haben wollten, solcher Unfug geduldet werde. Er bedauerte daher gegen mich, daß man in Landstädten wenig Gelegenheit habe sich zu amüsiren, mit einer leidlichen Unterhaltung vorlieb nehme, und bat sehr höflich und ausforschend, ich, der wahrscheinlich die besten Theater Deutschlands kenne, möchte an Stük und Schauspieler keine hohen Ansprüche machen. „Ich mache keine", antwortete ich kalt; und er schwieg. Der Vorhang schlotterte auf und Action und Declamation begann, so geziert und steif, daß es unmöglich war, ernst zu bleiben. „Die Schauspieler spielten gewiß beßer", sagte mein Herr Nachbar, „wäre die Scene etwas geräumiger." „Jawol", antwortete ich, und er schwieg. Als sich im zweiten Acte das Spiel mühselig fortschleppte: „Nicht wahr, meine Herren, einige Unterhaltung gewährts doch?" – „Jawol", antwortete ich, und er schwieg, bis im dritten Acte das dumme Gesicht des Weibelmeisters [UB25] wieder hereintrat, und mit bewunderungswürdiger Ruhe, als wiße er schon wie die Sache ablaufen werde, von den nahenden Hussiten sprach. „Er spielt heute schlecht", sagte mein Nachbar, „finden sie das nicht auch?" „Jawol", sagte ich, und er schwieg. Dann fragte er: „Sie reisen wol hier durch?" „Jawol", antwortete ich, und er schwieg nicht, sondern fragte weiter: „Wohin?", wenn ich fragen darf, „Wahrscheinlich nach Dresden?" „Jawol", antwortete ich und suchte seine Aufmerksamkeit aufs Theater zu richten, aber vergebens. Er fuhr fort: „Nach Dresden, sehen Sie einmal an, und woher kommen Sie eigentlich", wenn ich fragen darf, „etwa vom Rhein?" – „Nein, aus Thüringen." „Aus Thüringen? Seyn Sie mir willkommen (meine Hand fassend). Thüringen liebe ich wie mein Vaterland!" Um den Augenblick abzuwenden, wo es heißen würde, wer bist du, und ich in meinem Reiserok und weiten Hosen gestehn müßte, ein Pfarrer, meinte ich, Sachsen und Thüringen hätten viel Ähnliches. Auch habe ich mich im ganzen Lande heimisch gefühlt und mit Vergnügen wahrgenommen, man liebe uns Thüringer hier zu Lande mehr als die Preußen, indeß sey die Abneigung, ja der Haß gegen dieses Volk leicht zu erklären und gewißermaßen, wenn auch nicht zu billigen doch zu entschuldigen. Allein er ließ die Sache dahingestellt seyn und fragte: „Sind Sie vielleicht aus Erfurt?" „Ja, gewißermaßen." „Aus Erfurt", schrie er überlaut, sprang auf und sagte: „Darf ich mir Ihren werthesten Namen ausbitten?" „Loßius." „Loßius?" – mich beim Arm faßend – „Ein Sohn vom Diaconus?" „Nein, aber hier sitzt er", auf meinen Vetter zeigend. Nun begann ein Schauspiel, in welches seine beiden Töchter mit hineingezogen wurden, und das mir intreßanter zu werden schien, als das neben uns. Wir erfuhren nun, er heiße Tappe [HP7], habe in Erfurt studirt, den Oncel genau gekannt, sich später nach Rusland gewendet, sey in Petersburg Prediger und Profeßor gewesen und jezt Lehrer an der hiesigen Forstschule [OR10]. Nach diesen gegenseitigen Erörterungen sezten wir uns wieder nieder und sahen wie die Kinder statt in weißen Kleidern in Hemden aus Naumburg kamen und das Herz des grausamen Tyrannen rührten. Der Vorhang fiel. Die Forstacademicer pochten und schrien nach der Madame. Sie trat mit affectirter Bescheidenheit heraus und empfahl sich hochgeneigtem Andenken, ward tumultuarisch beklatscht und ging. Dieses geschah auch unsererseits. Der Herr Profeßor begleitet uns unter seinem Regenschirm nach Hause und bat so herzlich, wir möchten ihn morgen besuchen, daß wir es nicht ausschlagen konnten. Eigentlich wollten wir um 8 Uhr, als zu welcher Zeit er uns einlud, schon über alle Berge seyn.

Tags darauf begaben wir uns zur bestimmten Stunde zu ihm. Wir trafen ihn und einen anderen Lehrer der Forstschule im Garten. Diesen und die geschmakvollen Anlagen, seit zwei Monaten kostspielig angelegt, hervorzuheben und das Gespräch mit eingestreuten lateinischen Versen und socratischen Lebensweisheitslehren zu würzen und sich von einer recht intreßanten Seite zu zeigen, ließ er sich sehr angelegen seyn. Er war ein eigener Mann. Gelehrt ohne Wissenschaftlichkeit, sprachselig und von einem Gegenstand zum anderen überspringend, höflich über die Maßen, verliebt in alles Gute und Tüchtige und in sich selbst, gemüthlig und biederherzig, unbefangen und befangen, wie er war, wußten wir nicht, was wir aus ihm machen, und wie wir seine und seines Gleichen Verdienste mehr als er loben sollten. Der Hofadvocat ist bekanntlich der Mann nicht, dem es leicht fällt, etwas über die Gebühr zu erheben, meinem Vetter preßt es Angstschweis aus, ich habe einiges Talent und Neigung, eingebildete Menschen mit etwas in Lauge aufgelöstem Salz zu besprengen, aber hier ging es unmöglich an. Wir lobten also so viel als gehn wollte. Über der Anstrengung loben zu müssen, wurde uns die Annehmlichkeit dieses wirklich reizenden Gartens sehr verleidet, so nöthig es auch war, alles mit Liebe und enthusiastisch aufzufaßen, damit wir Pappa Zaken, Pappa Hermann und Pappa Consorten ein treues Bild von den ansehnlichen Besitzungen ihres ehemaligen armen Commilitonen entwerfen könnten.

Endlich rief ihn die Gloke ins Auditorium. Er begleitete uns noch bis zur bekannten Ruine des alten Bergschloßes, gab uns sein artiges jüngstes Töchterchen zur Führerin und entließ uns mit der Versicherung, uns um 10 Uhr beim Badehause zu treffen und zu einem Frühstük abzuhohlen. Julchen, ein angenehmes gesprächiges Mädchen von 10 Jahren, schloß uns den Forstgarten auf. Eine Anlage, wie ich sie noch nie gesehen. Auf sanftgewundenen Gängen allmählich zum Gipfel eines hohen Berges emporsteigend, bewunderten wir die Reichhaltigkeit und das Gedeihen der vielen hierher verpflanzten in- und ausländischen Pflanzen, Gesträuche und Bäume, und beneideten die Forstacademicer wegen der besten Gelegenheit, ihre botanischen Kenntnisse zu erweitern. Auch ist der Garten reich an lieblichen Aussichten. Die reizendste gewährt der Königsplatz. Von ihm blikten wir in drei tiefe Thäler von hohen dunklen Waldbergen eingeschloßen, unten das freundliche Städtchen, einen Teich, auf dem des Oberforstraths Töchter sich im Kahn belustigten, und hie und da lauschte die Weiseritz aus grünem Gebüsch und Wiesen hervor. Über das alles schaute der Himmel herein, zwar trüb und wolkig, aber lange dunkle Streifen zerfloßen in heiterem Grün und Blau und versprachen nach Regen Sonnenschein zu geben. Hierauf wurden wir in die heiligen Hallen geführt. Ich hatte mir große, tiefe Felshöhlen vorgestellt, etwas feucht und von einer Aeolsharfe [UB26] sentimental belebt, da sagte das Mädchen: „Hier sind sie", und ich sah von alledem nichts. Hohe, schlanke Buchen stiegen wie Pfeiler empor und bildeten durch ihre oben ineinander geschlungenen Zweige hallenähnliche Wölbungen. Sie und das leichtsäuselnde Rauschen der Blätter, mattdurchschimmerndes Sonnenlicht und eine angenehme, romantische Ruhe um uns her verliehen dem Ort etwas Hohes und Heiliges. Überrascht riefen wir aus: „Wie heilig ist diese Stätte! Wie würdig ihres Namens!" Diese sanften Schatten, geeignet, das Gemüth eines von Haß und Sorgen gequälten Menschen auf einige Augenblicke in eine milde, wohlthätige Ruhe zu versenken, tauchten unsere heiteren Seelen in jene stillentzükte Seligkeit, in der wir in Harmonie mit uns und der Außenwelt, vergeistiget, den überall eindringenden Lebensstrom durstig einsaugend allen Schmerz vergeßen, und von schönen Bildern vergangener Freuden umschwebt, die zukünftigen in der Nähe fühlen und ihnen entgegenrufen: „Kommt, ach kommt, hier ist Elisium!" „Ist mir doch so 'was noch nicht vorgekommen. Ich kann auf keinem Bein mehr stehen, und unter den Armen wachsen mir Flederwische heraus!", mit diesen Worten wollte eben unser guter Autor seinen noch immer entzükten Freunden bemerklich machen, man stehe auf naßem Erdboden und unter Buchekerbäumen. Da schlug ihm seine künftige Geliebte im Geist sanft auf die Stirn und sagte mit einer in Zärtlichkeit überfließenden Stimme lächelnden Unwillens: „Freudenstörer", und er überließ schweigend seinen Freunden ihren Gesichten. Er tadelte sich wegen seiner Neigung aus dem Ernst ins Lächerliche überzuspringen und lobte Groh, den das Selbstbewußtseyn nie oder selten verlaße. Der, wenn andere träumend in ihren Anschauungen schwelgten, die Gesetze aufsuche, nach welchen das, was ist, so ist, wie es ist, und einen solchen Eindruk auf den Menschen mache, der dann die Schönheitslinien zu einem Gemälde sinnig vereinige und gegen seine Freunde bedauere, daß die Ästhetik wissenschaftlich noch gar nicht bearbeitet sey. „Leider", antwortete ich, „aber es kann nicht anders seyn. Wir sind, wie in vielen Stüken, so auch hierin weiter zurük als die meisten wißen. Die Gefühle vieler für das Schöne sind entweder zu roh oder überspannt, und selbst die richtig Fühlenden verstehn das Angeschaute nicht auf bestimmte Gesetze zurükzuführen. Selbst das allgemeinste ist in seiner Bedeutung noch nicht allgemein anerkannt; daher sind wir noch immer nicht weiter als Plato. Ich halte es deswegen für´s Beste, man nimmt mit seinen fünf Sinnen so viel Schönes auf und an als möglich." „Und das versteht sich", ließ ich Groh darauf antworten und fing eben an ihn schmerzlich zu vermißen, da trippelte

Julchen mit den Füßen und sagte: „Das sind die ersten heiligen Hallen, die anderen sind noch schöner, aber es hat zehn geschlagen, und der Vater wird uns wohl erwarten." Sie erklärte sich zwar auch bereitwillig uns noch weiter zu führen, allein wir lehnten ab, und baten sie, uns zum Badehause zu bringen.

Vor demselben fanden wir mehrere Schauspieler in angestrengter Bemühung ihre heutigen Rollen einzulernen. Der Herr Profeßor kam, lobte den Ältesten auf Latein, er habe den Bürgermeister gestern gut gegeben, rühmte gegen uns deutsch das exemplarisch-sittliche Verhalten der ganzen Gesellschaft und führte uns in sein Haus zum Frühstük. Bei einem Glas vortrefflichen Weines unterhielt er uns über die vielen Auflagen seiner Schriften, las etwas Russisches vor, pakte uns zwei Schriften für seine erfurtischen Freunde auf und vergaß - einzuschenken. Die Präsidententochter aus Petersburg, seine Gattin, eine Frau von feiner Bildung und guter Hoffnung, sprach wenig. Es schien uns beinahe, als wären wir ihr zu bürgerlich, ob wir uns gleich sehr reputirlich und der Blaurok sich sogar schwarz angekleidet hatte. Oder war es ihr ein wenig unangenehm, sich in ihrem blassen Teint den, wenn auch sittigen, Bliken dreier unverehelichter junger Männer auszusetzen zu müßen? Dem sey, wie ihm wolle, wir fühlten uns unbequem, lobesmüde, und recht erwünscht trat nach ½ Stunde ein hagerer, magerer, geistloser Herr, wahrscheinlich ein Forstschüler, ein, um seine Aufwartung zu machen und zu sagen, er habe in der Meinung den Hals zu stürzen(?), einen Armbruch erlitten. Wir bedauerten ihn unbekannterweise und ergriffen die Gelegenheit unsern Abschied zu nehmen.

Wie wohl war uns, als wir uns wieder im Reisekleid und in freier Luft befanden! Wir gingen dem plauischen Grund entgegen oder waren vielmehr schon darin. „Wie ähnlich dem Schwarzthal!", riefen meine Begleiter. „Wie ähnlich dem Maasthal von Dinat bis Lüttich", rief ich, bis wir uns überzeugten, dies sey schöner. In einem Thal, das allmählich immer enger wurde, neben der rauschenden Weiseritz und hohen seltsamen Gestalten bald überwachsender bald kahler, bald überhängender, bald steil empor getürmter glatter oder schluchtenvoller Berge wandelten wir langsam, beschauend und wohlgemuth nach Dresden zu. Der Weg wand sich bald in sanften Bogen, bald scharf abbrechend dicht an den Felsen hin, und oft traten wir mit einem Schritt in eine durch neue Gegenstände überraschende Scene. Einige Mühlen, arbeitende Steinmetzen, freundliche Dörfer in Gärten oder Bäumen verstekt, hie und da weidende Kuhherden belebten das Thal und gaben ihm etwas Schweizerisches.

Jetzt erweiterte sich das Thal in eine mit Dörfern übersäte Ebene. Vom Berg herab links blikte ein munteres Schloß aus Weinbergen ins Kornfeld. Das herzliche „Glük auf!" eines Bergmanns und der von drüben herübertönende Klang eines Glökleins verkündigte die Nähe eines Steinkohlenbergwerkes. Neben dem Dorfe Döhlen, von Busch und Bäumen romantisch umgeben, lag eine Glashütte, an deren Besitzer Helmershausen einen Brief abzugeben hatte. Der erste Versuch ins Haus einzutreten lief unglüklich ab. Die Thür wollte sich nicht öffnen laßen. Endlich ward sie aufgeschloßen, aber ein schmächtiger Subalterner versperrte den Weg und konnte nicht begreifen, daß wir, wenn sein Herr jagt und nicht zu sprechen sey, auf ihn warten wollten. Nach und nach mochte ihm unsere Sprache etwas uneigennütziger als die um Zehrpfennige bittende gewöhnlicher Handwerksburschen klingen, und er kämpfte in seinem Inneren, ob er uns eintreten laße oder nicht, besonders da Helmershausen von einem abzugebenden Brief sprach. Da trat aus ihrem Stübchen ein artiges Mädchen heraus, freute sich den Advocaten wiederzusehen und nöthigte ihn in die Wohnstube. Ihr Bruder, der Glashütteninspector, aus dem Mittagsschlummer gestört, sah uns einige Augenblicke wie Traumgestalten an. Er schien geneigt, mir und meinem Vetter auf Verlangen die Glashütte je eher je lieber zu zeigen und dann das Weitergehn nicht zu erschweren. Dazu hatte ich nicht die geringste Lust. Sein schönes geistreiches Gesicht und große, schwarze, funkelnde Augen machten mich neugierig zu erfahren, ob er mit Moses schwerer Zunge auch dessen Verstand besitze. Ich legte den Ranzen ab, den gescheiden Schwestern, eine zweite war indeß herbeigekommen, gelang es bald ein Gespräch einzufädeln. Er reichte Cigarren, die Mädchen Kaffee, der Vater, ein schöner alter Mann, trat auch herein, und unversehens fühlten wir uns unter diesen guten, gebildeten Menschen heimisch und wohl. Wußte die jüngere Schwester durch angenehme Gestalt und Maniren zu feßeln und über ihr Gespräch eine gewisse gefällige Grazie zu verbreiten, so zog die ältere, äußerlich weniger angenehm, durch ihr biederherziges Wesen an. Der Vater zeigte die Erfahrung und Humanität, die ihm Alter und Umgang mit der Welt gab, und der Sohn, ohne daß er sie zur Schau trug, die Bildung, welche uns Wissenschaft und Genie verleiht. Wir Fremdlinge unterließen auch nicht, uns von der besten Seite zu zeigen, und es entstand bald eine in höfliche Vertraulichkeit und heiteren Scherz übergehnde Unterhaltung, die der Inspector mit ächtem attischen Salz reichlich würzte. Unerwartet, wie alle seine witzigen Einfälle, brachte er einen Gang auf den nahen Windberg in Vorschlag, von dem aus man das noch zwei Stunden entlegene Dresden mit seiner Umgebung übersehn könne. Die Mädchen rieten ab, er desto mehr zu, und wir gingen. Unterwegs zeigte er uns seine wohleingerichtete Glashütte und ein Steinkohlenbergwerk, das einem preußischen Rittmeister erblich zugefallen jährlich 30.000 rl. reinen Ertrag abwerfe. Es empfehle sich uns durch seine Dampfmaschine, die künstlich aus Stahl und Eisen gefertigt, die Stelle des Wassers und vieler Maschinen in anderen Werken ersetzend und übertreffend Steinkohlen und Bergwaßer aus der Tiefe zog.

Wie wir nicht ohne Mühe den Gipfel des Berges erreicht hatten, sahen wir zwar weit, weit umher, aber nur die nächste Gegend abendlich heiter vor uns liegen. Die Ferne in Nebel gehüllt zeigte uns kaum mit Hilfe des Fernrohres Dresdens stattliche Thürme und Häuser. Ernst und ruhig lagen dort die majestätischen Felsenmaßen des Königs- und des Liliensteins nebst den anderen Bergen der sächsischen Schweiz, und im Halbzirkel zog sich das Erzgebirge südwestlich dunkel und düster um uns her. Auf einem Waldweg, den einst der König von Preußen heraufgeritten, stiegen wir zu Fuß ins Thal hinab und wurden in einem lieblichen von Wiesen umgebenen Buschhölzchen mit einem guten Abendbrot empfangen. Wohbehaglich verzehrten wir einen frischen Heering und Butterbrod und wünschten dieser trefflichen Familie bei jedem gefüllten Weinglas immer mehr Gutes und zu dem Guten das Beste! Unseren Wünschen entgegenkommend erklärten die jungen Leute, sie würden uns in den plauischen Grund, der hier eigentlich beginne, begleiten, und als wir nach den Ranzen griffen, rief der Inspector einen jungen Burschen, dem er sie alle drei aufpakte, damit wir die Annehmlichkeit des Wegs recht ungestört genießen könnten. Welche Aufmerksamkeit!

Beim Abschied stellte sich ein Candidat der Theologie ein, dem es wahrscheinlich nicht erwünscht war, daß eine dieser Jungfrauen als unserer Begleiterin fortgehe, da er komme. Er wurde aufgefordert, sich anzuschließen, ließ

Der Plauensche Grund mit dem Hegereiterhaus und der Hegereiterbrücke (um 1850)

sich aber nicht dazu bewegen, so dienlich ihm auch ein Abendspaziergang gewesen seyn würde, denn er sah sehr stubensitzerig aus.

Die Thalebene wurde allmählich wieder enger, und bald umgaben uns wieder von beiden Seiten Berg-Waldparthien. Der Weg wurde mit jedem Schritt romantischer; die Begleiterinnen und der Begleiter uns immer intreßanter. Wir wanderten scherzend durch Dörfer und Meierhöfe. Landleute mit Sicheln und Rechen zogen müde und grüßend heim; Spazierende aus Dresden gingen und fuhren zurük, die hohen und ernsten Gestalten der Berge rükten immer näher zusammen, warfen dunkle Schatten wie Schlafkleider um ihre kräftigen Leiber und setzten Nachthauben auf. Die wilde Weiseritz murmelte melodisch und die guten Raschers ergötzten sich theilnehmend an unseren Äußerungen, wie wohl uns hier sey und wie reizend und schön alles rings umher!

„Laßt den Candidaten nicht zu lange warten", sagte nach einer halben Stunde Rascher zu seinen Schwestern. Sie lächelten und gingen noch eine Weile mit uns, dann kehrten sie zurük, die trefflichen Mädchen!

Es wurde Nacht. Die Gegend still, oßianisch [UB27], erhaben. Auf einem hohen Berg richtete sich eine Felsenspitze steil empor. „Hier will ich ein Creutz aufstellen laßen", sagte der Inspector. „Meinem Gefühl nach fehlt es noch, um die ernste Umgebung würdig zu schließen." Wir lobten diesen Vorsatz und riethen ihn auszuführen. „Es wird geschehen", sagte er, „wenn ich mir auch nicht allgemeinen Beifall versprechen darf. Am Hofe heißt man's wohl gut und meint, ein Katholik habe es gethan, aber manchem anderen wird es ein Ärgernis seyn. Doch schadet es nicht, wenn sie sich erinnern müßen, daß sie Christen sind, und hie und da wekt es doch einen guten Gedanken!" Den wekte es schon jetzt. Es führte nehmlich eine Unterhaltung über das tadelnswerthe Bestreben unsrer Zeitgenoßen herbei, nebst anderen Bildern des Schmerzes auch das Creutz so weit als möglich zu entfernen, eine Unterhaltung, in der sich Rascher von einer neuen, liebenswürdigen Seite zeigte, und die uns alle in eine religiöse Stimmung versetzte. Voll Andacht wandelten wir im tiefen, dunklen Thal und schauten mit frohem Bewußtseyn eines guten Gewißens nach oben, nach den so klar und so ruhig schimmernden Sternen. Als beim Dorfe Plauen [UB28] der Eingang ins Thal sich öffnete, und neben drei erhabenen, colossalen Bergen die Weiseritz rauschend vorbeifloß, stieg unser Geist anbetend zu dem empor, der die Erde mit den Wundern seiner Allmacht schmükte!

Rascher führte uns noch durchs Dorf, zeigte einen näheren Fußweg und kehrte unter unseren besten Wünschen zurück. Nach einer halben Stunde, wir eilten, betraten wir Dresden und bald darauf den Gasthof.

Viertes Capitel: Dresden

„Wacht auf!", rief am Morgen des 13ten Augusts in Nummer 15 des kleinen Rauchhauses die Stimme, welche gewöhnlich die Freunde wekte, und sie sahen auf. „Wir sind in Dresden!", rief ich ihnen zu. „Wir sind in Dresden!", antworteten beide, und alle drei sprangen wir hastig in die Kleider. Nachdem wir uns, wie der Vetter meinte, beim Kaffee viel zu lange aufgehalten, brachen wir auf. In der Scheffelgasse schlugen wir uns gegenseitig derb auf Arme und Beine, um einander fühlen zu laßen, wie stark die innere Freude sey, Dresden, das Hauptziel langer Wünsche, glüklich erreicht zu haben. „Und nehmt mir's nicht übel" – auf diese Worte folgten bei anderen Grobheiten, bei unserem Blaurok ist's eine bekannte Höflichkeitsformel – „nehmt mir's nicht übel", sagt er, „ich wüßte nicht, mit wem ich, Groh ausgenommen, lieber hier seyn möchte als mit Euch!" Die Freunde warfen ihm vor, er habe von Pappa Tappen Artigkeiten zu sagen gelernt, und scherzend betraten wir den Altmarkt. Er bildet ein großes regelmäßiges Vierek. Das alte Rathaus schaute mit seinem achtekigen Thurm sonderbar in die vielen Buden und unzähligen Obst- und Gemüßekörbe hinein und hörte den Lärm vieler Käufer und Verkäufer gelaßen an. Es wurde eben gepflastert. Dies veranlaßte uns zur näheren Betrachtung des Pflasters und meinen Vetter zum Ausruf, es sey aber so außerordentlich nicht. „Das Pariser ist noch schlechter", antwortete der Blaurok, denn er empfand die gewünschte Befriedigung, wieder in einer Residenz und unter vielen Menschen zu seyn. Ein reinlich gekleidetes Mädchen, das mit Gemüße im Handkörbchen uns entgegenkam, wurde höflich gefragt, wo die Brüke liege, und sie zeigte dahin und beschrieb so deutlich, wie der Weg geradeaus nicht zu verfehlen sey, daß es unverantwortlich gewesen wäre, wir hätten ihn nicht gefunden. Die Schloßgaße hinab, am Residenzschloße vorbei, durchs Georgenthor traten wir auf einen freien Platz, den rechts die brühlsche Teraße, links die katholische Hofkirche zierte, und vor uns über dem breiten Elbstrom ruhte die berühmte Brüke. Wie lachte meinem Vetter Gesicht und Herz bei ihrem Anblick, der auch in der That etwas sehr Imposantes hat. Ihrer Lage und Beschaffenheit wegen führt sie jedem bald alles, was Dresden vor ähnlichen Städten auszeichnet, und was es an äußerlicher Pracht enthält, vor die Augen. Sie verbindet die Alt- und Neustadt, ruht auf 19 Pfeilern, ist 570 Schritte lang, fast 36 Fuß breit, nach der Mitte zu allmählich steigend gebaut

Ansicht von Dresden über die Augustusbrücke (um 1850)

und gewährt Fahrenden und Fußgängern alle mögliche Bequemlichkeit. Ein eisernes Gitterwerk umgiebt die Brüke und wölbt sich bogenförmig um die über den Pfeilern befindlichen Ruhebänke. Auf dem Hauptpfeiler steht ein Felsenstük und auf diesem richtet sich über der vergoldeten, von einer Schlange umwundenen Halbkugel ein stark vergoldetes, fast colossales Crucifix empor. Die im Felsen eingefügte weiße Marmorplatte enthält die Namen der Erbauer, Erhalter und die merkwürdigen Schiksale der Brüke. Vierunddreißig Laternen geben ihr in mondlosen Nächten die nötige Beleuchtung.

Diese Brüke, um etwas Historisches hinzuzufügen, ist unstreitig eine der schönsten und kostbarsten, die je über einen großen Fluß geführt worden sind. Vermuthlich waren die ehedem mächtigen Burggrafen von Dotzen im

9ten Jahrhundert ihre ersten Erbauer. Anfangs soll sie hölzern gewesen seyn, in den Jahren 1173 bis 1260 wurde sie aus Steinen ausgeführt, im Jahre 1343 durch die Gewalt des Stromes niedergerißen und aus pirnaischen Sandsteinen wieder hergestellt. Damals war sie 800 Schritte lang, enthielt 24 Pfeiler und reichte bis ans Schloßthor, von wo man sie auf einer Zugbrüke betrat. Churfürst Moritz ließ, um den Elbstrom zurükzudrängen, fünf Pfeiler abtragen, und August der Zweite versetzte sie nach mannigfachen Verschönerungen in den gegenwärtigen Zustand. Der von den Franzosen gesprengte Bogen ist bekanntlich vor einigen Jahren so geschikt hergestellt, dass man kaum an den frischen Steinen die Nacharbeit erkennt. (Bem. v. Carl Lossius: während der Statthalterschaft des russischen Fürsten Hoppnin [HP8].) Auf fünftehalb breiten Steinplatten rechts schritten wir jetzt über diese merkwürdige Brüke, sahen stromauf und –ab in ein heiteres von düsteren Weinbergen, Lusthäusern usw. belebtes Thal. Wir ergötzten uns, auf der Ruhebank des Hauptpfeilers sitzend, an dem wechselvollen bunten Gewühl der stolz, lahm, keuchend, leicht, stumm, laut, lärmend, lachend, lächelnd, mürrisch, betrübt, froh, lustig, lumpig, geputzt, sauber, einfach vorübergehenden, reitenden, fahrenden großen und kleinen Erdenpilger – ein Genuß, wie ihn die vollständigste Maskerade nicht geben kann! Nachdem wir unsern Augen etwas zu Gute gethan und keine von Menschenkenntnis zeugende Bemerkung unterdrükt hatten, erhoben wir uns, betrachteten das ansehnliche Commandantenhaus und einen aus der Wachtstube desselben schauenden alten Corporal und betraten die regelmäßig gebaute Neustadt.

Am schwarzen oder Lausitzer Thor kehrten wir wieder um, gingen auf demselben Seitenwege der Brüke über dieselbe und gaben also dem über den regelmäßigen Gang der Kommenden wachsamen Kriegsmann keine Veranlaßung, uns zurük oder hinüber zu weisen. Von der brühlschen Teraße aus, man gelangt auf breiten, steinernen Stufen zu ihr, hat man nicht nur den reizendsten Anblick des Elbstroms, der Brüke, der Elbufer und ihrer Umgebungen, sondern auch den besten Standpunkt zur Betrachtung der katholischen Hofkirche. Ihr herrliches Äußeres beweist die Prachtliebe August des dritten [HP9]. Über dem von Säulen durchbrochenen und mit den Statuen der Evangelisten geschmüktem Hauptportal erhebt sich in schöner, gefälliger Form der Thurm, 151 Ellen hoch schließt ihn ein 26 Fuß hohes Kreuz. An diesen Thurm - Werkstüke von 50 Centnern sind drein verbaut - schließt sich die Kirche an, im italienischen Styl geschmakvoll gebaut, mit glattem Dach und doppelten Galerien, auf welchen (die in den Portalen befindlichen mit eingeschloßen) 64 Statuen der Apostel, Evangelisten und Heiligen stehen. Jede derselben vom Italiener Lorenz Matielli nach Tovelli's Zeichnung verfertigt kostet 500 rl. Wir traten, es war eben Betstunde, in das Heiligthum ein. In drei Abtheilungen steigt die hohe Wölbung empor, von coloßalen Pfeilern getragen. Auf dem mit weißen cararischen Marmorplatten belegten Fußboden näherten wir uns dem glanzvollen Hochaltar. Er ist aus sächsischem Marmor gebaut. Über 13 großen, massiven, silbernen Leuchtern erhebt sich ein fast coloßales silbernes Crucifix. Vor allem aber feßelte unsere Blike das schöne 33 Fuß breite Altarblatt: die Himmelfahrt von Mengs. Auch die übrigen acht Altäre in den Seitencapellen sind mit vortrefflichen Gemälden und auserlesener Stukaturarbeit geschmükt, und die Orgel, vom berühmten Silbermann gefertiget, gilt ebenfalls für ein diesem prachtvollen Tempel würdiges Kunstwerk.

Wir hätten uns gern länger hier aufgehalten, aber es schlug eben 10 Uhr, um welche Stunde uns ein Lohndiener nebst vier anderen Fremden ins grüne Gewölbe zu führen versprochen hatte. Es befindet sich bekanntlich im königlichen Schloße, das zwar einen ansehnlichen Umfang hat, allein alt und unregelmäßig den meisten Residenzen an äußerer Pracht ebenso nachsteht, als es sie an innerem Reichthum übertrifft. Durch das große Hauptthor traten wir in den ersten Hof, aus diesem in den zweiten und dann ins grüne Gewölbe im Erdgeschoße des Gebäudes.

Im Vorzimmer hieß man uns Hut und Stok ablegen, vier Thaler sächsisch bezahlen und einem kleinen diken Unterinspector folgen, der uns erwartungsvoll das erste Zimmer öffnete. Es enthält Statuen von Bronze, die theils modern, theils nach antiken, gearbeitet sind. Zu den ersteren gehören ein Modell der oben erwähnten Statue Augusts des zweiten, eine Copie der Statue Ludwigs des 16ten, die sonst auf dem Place de Vendome in Paris stand, die Brustbilder des preußischen Königs Friedrich Wilhelm des ersten und seiner Gemahlin; zu den letzteren rechnet man den Toro Farnese, Marcus Aurelius und dergleichen Stüke von größtentheils feiner, vortrefflicher Arbeit.

Im zweiten Zimmer sahen wir Kunstwerke von Elfenbein. Unter ihnen zeichnet sich Michel Angelos Crucifix aus, es ist mit bewunderungswürdiger

Zartheit und Fleiß und Ausdruck gefertiget. Zwei Pferdeköpfe von diesem Meister sind die Schönsten, die ich mich je gesehen zu haben erinnere. An einer hier befindlichen Fregatte sind die Segel, die - dünn wie das feinste Papier - erhaben geschnittene Wappen des sächsischen Hauses zeigen, das Merkwürdigste.

Im dritten Zimmer befriedigte ein vom Hofjubelier Neubert 1782 aus sächsischen Steinen, Perlen und Porzellain zusammengesetzter Camin, ein aus ansehnlichen Bernsteinstüken verfertigter Schrank, und viel andere aus dieser Maße gearbeitete Stüke unsere gereizte Schaulust.

Im vierten Zimmer, grün lakirt, zeigte uns der Führer die große stark vergoldete Badwanne neugeborener Prinzen des Königshauses, die goldene Trinkschale Peters des Großen, vier Becher, die Johann Georg der Erste bei der Landestheilung seinen vier Söhnen schenkte, sehr geschmakvoll gearbeitet, einer wie der andere sehr schwer; außerdem noch eine solche Menge silberner und goldener Vasen, Taßen, Teller und anderer Gefäße, daß der überall verbreitete Glanz die Augen blendete und die Wahl, welcher Gegenstand die vorzugsweise Aufmerksamkeit verdiene, erschwerte.

Im fünften Zimmer befinden sich eine Menge kostbarer Gefäße aus allen Arten orientalischer Steine geschnitten, Pocale mit Cameen besetzt und die größte in der Welt existierende Emaille mit dem wunderlieblichsten Madonnenbild von Dinglinger; es ist 4 Fuß hoch und 3 Fuß breit und unstreitig das schönste Stük des ganzen Cabinetts; ferner eine ungeheure Menge Gefäße aus Bergkristall, Straußeneiern, Muscheln u. dgl.; 6 prächtige Tische von florentiner Mosaicarbeit und die Bildnisse der 10 Churfürsten von Moritz bis auf August des 3ten.

Im sechsten Zimmer, dem Pretiosenzimmer, staunten wir über eine ansehnliche Sammlung sächsischer und orientalischer Steine und Perlen, von denen die meisten in Figuren und Gold gefaßt den eigenthümlichen Geschmak vergangener Zeiten beurkundeten. Nachdem nähmlich das Edelgestein oder die Perle gebildet war, stellte sie den Kopf, Leib, das Auge pp, den Fuß, den Dekel usw. meistens sonderbar und albern vor, daß der Ausdruk der Verwunderung oft in ein heimliches Lächeln überging, welches der dike Unterinspector durch seine spashaften Bemerkungen zu einem lauten Gelächter zu steigern wußte. Hier war auch das wahrhafteste und curiose Conterfei des weiland berühmten Zwergs Augusti zu sehen, der ihm zu mancherlei Kurzweil, wie weltbekannt, vielfachen Stoff gegeben. Ein winzig kleines Statürchen mit gräulichen Armen und Beinen, feistem Leibchen, affrösem, bizarr fletschendem Stumpfgesicht, zwei teuflischen Blitzaugen und schwarzem, dichtem Haupthaar, Schweineborsten nicht unähnlich, die ganze Gestalt bewunderungswürdig proportionirt, aber abscheulich anzusehn. Hat man sie einmal gesehn, so stellt man sich leicht vor, wie sie in einer überdekten großen Schüßel als Pastete aufgetragen werden mochte.

Das aus Eichenholz getäfelte siebente Zimmer, das Wappenzimmer genannt, enthält ein in Bronze gearbeitetes Wappen des sonst königlich polnischen und nun sächsischen Hauses, die demantreiche Krone, den goldenen Scepter, Reichsapfel nebst dem blauen, mit goldenen Sternen gestikten Krönungsmantel August des Dritten – sehr schwere Zierde!

In diesem Zimmer übergab uns der muntere, scherzhafte Unterinspector einem hageren, schmächtigen Oberinspector, der uns das achte Zimmer, das Juwelenzimmer, das kostbarste von allen, aufschloß und im gewöhnlichen Leierton unbeschreiblich gleichgültig die kostbarsten Kleinodien, in Glasschränken aufbewahrt, zeigte; unter anderem, wie der große Mogul seinen Geburtstag feiert, eine Darstellung von Dinglinger, auf der 132 Figuren zierlichst geschnitzt in einem prachtvollen Aufzug dem Erdengott Geschenke und Glükwüsche bringen. Alles ist von Gold, emaillirt und reich mit Edelsteinen besetzt, dann das demantreiche Achselband des Königs, das dematreichere, auf 7 Millionen Thaler gewürdigte Brustschloß der Königin, den grünen 160 Gram wiegenden Brillant, den weißen Brillant 194½ Gram schwer, einen vortrefflichen Hiacinth, den fast 5 Zoll breiten 6 Zoll langen Onix, den größten in Europa existierenden Granat, viele mit Brillanten besetzte Ordensbänder, eine ansehnliche Sammlung von Edelsteinen aller Arten, in Garnituren gefaßt, goldenen Ketten, das Churschwert und eine Menge anderer hauender und stechender Kostbarkeiten mit goldenen und brillantenen Griffen, Gehängen, daß einem der Kopf warm wurde von aller Herrlichkeit, das Auge des Schauens fast müde, und wir uns vergebens bemühten, Glanz, Pracht, Werth und Kunst durch Worte bezeichnend auszudrüken. Wahr ist's freilich, das alles ist eine tode Maße, und ich theilte mit meinen Begleitern das Gefühl, durch die einmalige Ansicht dieser Dinge vollkommen befriedigt zu seyn. Demungeachtet konnte ich nicht in meines Vetters naiven Wunsch, machet euch Freunde mit dem ungerechten Mammon, einstimmen. Denn den Werth dieser Kostbarkeiten an und für sich abgerechnet, beschäftigen sie die Phantasie auf eine eigenthümliche Weise, dienen dem Kenner zur Lehre und dem Königshause zur Ehre. Wenigstens mag ich die der Schaulust preißgegebene Aufbewahrung dieser Kostbarkeiten und Kleinodien eben so gern entschuldigen, wie bei Privaten die sorgsame Vorliebe für angeerbtes Tisch- und Silberzeug.

Nachmittags gingen wir die Merkwürdigkeiten des churfürstlichen Stalles zu besehn, so heißt ein mit dem Residenzschloß zusammenhängendes Gebäude noch von der Zeit, wo 130 Pferde im Erdgeschoß desselben standen. Man entfernte sie, als ihre Ausdünstung der oben befindlichen Gemäldegallerie schädlich zu werden anfing, und verwandelte den Stall in einen Saal zur Aufbewahrung der Gypsantikensammlung von Mengs. Wir zogen die Klingel am Eingang. Ein subalternes hageres Wesen öffnete die Thür und bedeutete uns kurz und bündig, wollten wir etwas sehen, so müßten wir morgen kommen! Verblüfft gingen wir weiter und fragten einen mit Ausputzen eines Staatswagens beschäftigten Mann, wo der Eingang zur Gemäldegalerie sey. „Hier nicht", antwortete er höflich, „aber folgen sie mir". Er führte uns in eine lange Halle und zeigte uns wider Erwarten 60 bis 80 in zwei Reihen aufgestellte Königliche Staatswagen. Einige zeichneten sich durch alterthümliche Bauart, andere durch moderne Eleganz und Bequemlichkeit, die meisten durch Pracht und Reichtum aus. Alle aber übertraf hierin der Krönungswagen, der außen hochroth und mit Insignien der Königswürde gezirt, in seinem Inneren so königlich eingerichtet war, daß uns fast die Lust ankam, uns hineinzusetzen und durch die erstaunte Residenz fahren zu lassen. Vielleicht wäre es uns wie den heiligen drei Königen gegangen, an deren königlichem Blut unsere aufgeklärten Zeitgenoßen unumwunden zweifeln. Es war gescheid, daß wir uns die Lust wieder vergehen ließen! Wir gaben dem diensteifrigen Stallknecht gern einige Groschen und wurden von ihm bis an den Eingang der Gemäldegallerie geleitet. Auf einer Wendeltreppe gelangten wir in dieselbe und trauten unseren Augen kaum, als wir in dem 42 Fenster langen, ins Geviert um das Gebäude laufenden Saal - die äußere Gallerie - und in einem zweiten um die Hälfte kürzeren - die innere Gallerie - hohe Wände und Pfeiler mit Gemälden bedekt sahen! Hochachtungsvoll und innerlich jubilirend über den bevorstehenden Genuß, kauften wir ein gedruktes Verzeichnis dieser Kunstschätze und fingen an, sie mit großen Augen und Herzklopfen zu betrachten. Mich hielt die gleich anfangs gründliche Schauweise der Gefährten zu lange auf. Ich durchlief die Sammlung, um mir einen Begriff ihres Inhalts zu verschaffen und die heilige Nacht aufzusuchen. Als ich sie, viele Gemälde flüchtig überblickend, gefunden zu haben glaubte, drang mir ein so warmes Gefühl der Andacht und Bewunderung ins Herz, daß ich mich der tiefsten Rührung nicht enthalten konnte, ich weinte!

(Fußnote des Autors: Leute, die Klopstok lesen, werden bemerkt haben, daß der große Dichter fast auf jedem Blatte weint oder weinen läßt, und demnach unserem Autor diese wenigen Tränen verzeihen. Er hatte wie sich ein Kind auf den heiligen Christ gefreut.)

Was doch die Einbildung thut, ich stand nicht vor Coreggio's Meisterstük, sondern vor Rotari's Ruhe auf der Flucht, in welcher er den großen Gedanken jenes Künstlers auf ähnlich Weise dargestellt hatte. Entzükt ging ich den Gefährten meinen Fund zu zeigen und sie zu überreden, mir zu folgen; allein sie waren so gescheid, sich nicht von der Stelle zu bewegen. Ich schlich misvergnügt wieder zurük und setzte meine Betrachtung fort. Nach einigen Stunden war ich zu Ende. Wie ich mich aber bemühte, die gewonnenen Eindrüke festzustellen und zu ordnen, stellte sich eine solche Menge einzelner, verschiedenartiger Bilder dar, daß mir vorkam, als schaut' ich in ein ungeheures Meer an Farben und Gestalten, in dem alles durch einander schwamm, schaukelte, gaukelte, floß, zerrann, in ein Chaos, aus dem sich ein starker Geist eine neue wunderbare Schöpfung bilden konnte. Aber der meinige erlag, ich fühlte Schwindel und Kopfschmerz. Zu diesem tadelnswerthen Durchfliegen der Bildergallerie hatte mich außer dem an sich richtigen Grundsatz, nur das Schönste sehn zu wollen, die Weise, wie ich gute Bücher lese, verleitet, nähmlich erst flüchtig dann bedächtig. Aber es ist ja ein anderes, ein Buch zu lesen, in dem der Eine Verfasser Einen Gedanken anknüpft, und wie vielfach er ihn auch mit ähnlichen verwebe, nach und nach schließt, so daß nun das ganze Gewebe leicht überschaulig hervortritt, und eine Bildergallerie sehn, in der einige Hundert Künstler die verschiedenartigsten Gegenstände darstellten. Um also meine schönen Leserinnen vor Schwindel und Kopfschmerz und mich vor dem Verdacht, als hätte ich bei wiederholtem Besuch der Gallerie denselben Fehler begangen, zu bewahren, empfangen sie die Angabe der Meister, die mich vorzüglich ergötzten; und zwar nicht nach den Schulen, wie sie denn auch hier nicht nach diesen aufgestellt sind, sondern nach meinem natürlichen System, d.h. in der Ordnung, wie sie geboren wurden. …

(Nun folgen ausführliche Beschreibungen der Bilder folgender Meister: Giotto, Johann van Eyck, Perugio Pietro, Albrecht Dürer, Lucas Cranach, Michel Angelo Buonarotti, Vicelli Titiano's, Sanzio d' Urbino Raphael, Antonio Allegri, Lucas van Leyden, Hans Holbein, Paolo Cayliari; Guido Reni, Peter Paul Rubens, Anton van Dyck, Rembrand Van Ryn's, Adrian van Ostade, Adrian van der Werf, Franz van Micris, Anton Raphael Mengs – von Ilse Zahn nicht ausgeführt.)

Entgeht auch dem Locale manches, was ihm das unbedingte Lob der Zwekmäßigkeit verschaffte; die Säle sind unstreitig zu hoch. Die oberen Gemälde können nicht bequem betrachtet werden, manches scheint nicht an rechter Stelle zu hängen, so habe ich z. B. die heilige Nacht nur einmahl im rechten Licht gesehen. Entgeht also dem Locale manches, was ihm das unbedingte Lob der Zwekmäßigkeit verschaffte, so gewährt es doch auf der anderen Seite so wie es ist manchen Vortheil, und Gemälde, die sich gerade an einem günstigen Standort befinden, können im verschiedensten Licht betrachtet werden; wie wir das selbst, die großen Vorhänge vor den Fenstern auf- und niederlaßend, erfahren haben. In Hinsicht der Reichhaltigkeit, Kunst und des Werthes darf sich die Gallerie gewiß den kostbarsten Gemäldesammlungen der Welt an die Seite stellen. Sie wurde vom Freund und Gönner Lucas Cranachs, von Herzog Georg gegründet. Die Churfürsten Moritz und Johann Georg der 2te vermehrten die Sammlung; August der 2te machte sie wichtig, und August der 3te erhob sie durch den Ankauf der mondanesischen Gallerie [HP10] zu dem hohen Grad an Vollständigkeit, den sie jetzt einnimmt. Sie enthält nähmlich mit einem Schatz von 1.363 Gemälden, mit Ausnahme der im Cabinett für Pastellmalerei befindlichen, die Werke von 400 Künstlern. Glükliches Dresden!

Dankbar werden es alle Kunstfreunde mit uns rühmen, daß der Eintritt in diesen Tempel jedem gebildeten Fremden zu bestimmten Stunden unentgeltlich gestattet wird. Eine Erlaubnis, von der wir den besten Gebrauch machten.

Oft und lange verweilten wir vor liebgewordenen Bildern, um sie dem Gedächtnis tief einzuprägen. Immer verließen wir mit leuchtenden Augen die Gallerie, blieben auf der Straße stehen, sahen uns an und riefen: „O schön, schön, schön!" Gingen weiter, blieben wieder stehen, und rief der eine begeistert aus: „Es giebt nur Einen Raphael", so antwortete der andere: „Und nur Einen Coreggio", und der dritte: „Und nur Einen Mengs!" Bis wir den Spruch fortsetzend die ansehnliche Reihe der Einzigen genannt.

Ich faße den aufgegebenen Faden der Historie unseres Thuns und Treibens in Dresden wieder auf. Nachdem wir uns, wie erwähnt, zum erstenmahl auf der Straße über die soeben genoßenen Augenlust gesprächig ausgelaßen, trennten wir uns. Der Hofadvocat ging nach dem eine Stunde entfernten Vergnügungsort Findlätters Kaffeehaus und die Vettern zum Kaufmann Bilz, an den wir von seinem Bruder, unserem erfurtischen Freund, addreßirt waren. Wir fanden seine Wohnung bald und in ihr einen wakren, einfachen, gutmüthigen Mann, der uns Neugierigen auf manche Frage erwünschte Auskunft gab. Er brachte uns von dem Vorhaben ab, morgen schon in die sächsische Schweiz abzureisen, denn der Freischütz, sagte er, werde morgen vom Componisten selbst aufgeführt. Die merkwürdigsten Gegenstände der sächsischen Schweiz ließen sich auch in zwei Tagen betrachten. Wollten wir deshalb den dritten für diese Wanderung bestimmten Tag aufgeben, so könnten wir morgen noch hier verweilen, übermorgen abreisen und den Sonntag früh genug wieder eintreffen, um den berühmten Ammon predigen zu hören. Ein guter Rath, den wir um so williger befolgten, als der gefällige Mann die Güte hatte, uns eine Beschreibung des meißener Hochlandes zu leihen, aus der wir uns über die intreßantesten Parthien belehrten. Helmershausen, der abends spät von seinem Spaziergang zurükkam und eine reizende Aussicht von Findlätter herab in das Elbthal und 92 Dörfer entwarf, wurde überredet, oder vielmehr gab er unseren gemeinsamen Bitten nach. Wir legten uns, umgaukelt von den lieblichsten Bildern des heutigen Tages, nieder und sanken bald in einen tiefen, erquikenden Schlaf. Tags darauf begaben wir uns früh auf die brühlsche Teraße, meinen Lieblingsplatz, und tranken Kaffee. In einem geschmakvollen antiken Lusthaus sitzend überschauten wir einen Theil der Neustadt, das linkische Bad [HP11], nach Pillnitz hinab, vor uns den Strom und bewegtes Treiben auf demselben, rechts einen Theil der Vorstädte von Neudresden, einige Gärten, Lustschlößer usw. Die Gegend glänzte im

Morgenlicht, und in vollen Zügen tranken wir den Kaffee, Morgenluft und Lebensheiterkeit.

Frauenkirche in Dresden
- Moritz Bodenehr 1733

Dann brachen wir auf, um die schöne Frauenkirche zu besehn. Eine glükliche Nachahmung der Peterskirche in Rom, erhebt sie sich in der Mitte des Neumarkts, fast zirkelrund aus Steinen wie aus einer Form gegoßen, ernst und majestätisch in die Höhe. Vier Thürme umgeben die Hauptcuppel, die doppelt gewölbt das ganze Gebäude sinnvoll schließt. Durch einen der sieben mit Säulen nach ionischer Ordnung gezierten Eingang führte uns der Kirchner in das Innere dieses erhabenen Tempels. Welch ein Anblick! Eine weite, hohe, mit Pfeilern und reihenweise über einander ruhenden Sitzen versehene, allmählich sich schließende Wölbung umgab uns und leitete das Auge unwillkührlich auf das musterhafte Gemälde oben in der Cuppel. Dem Hauptportal gegenüber nach Abend steht der Altar, aus pirnaischen Steinen gearbeitet, von vier Säulen mit vergoldeten Capitälen und Schaftgesimsen umgeben. Das schöne Altarblatt zeigt Jesum betend am Oelberge. Ich konnte mich nicht enthalten, vor den Altar zu treten und ein Gloria in excelsis deo in den weiten Raum des Heiligthums erschallen zu laßen. Über dem Altar befindet sich der Chor und die vom berühmten Silbermann verfertigte Orgel, eine der musterhaftesten in Deutschland. Rechts die Kanzel, wie sie steht, erleichtert sie dem Prediger das Lehren, der Versammlung das Hören ungemein. Es soll erschütternd seyn, wenn in diesem Heiligthum der vollstimmige Gesang von 6.000 Christen, gehoben durch mächtigen Orgelton, wie Sturmessausen harmonisch braußt und dem Allvater lobt und dankt!

Auf einer Freitreppe stiegen wir in die rings um die Kirche geführte, eine deutliche Übersicht von der inneren Einrichtung gewährende Gallerie, dann auf einen schnekenförmigen lichten Gang zur Hauptcuppel, von der herab sich uns Dresden und seine Umgebung in wundervoller Beleuchtung wie in einem Panorama entzükend darstellte. Da lag sie um uns her, die freundliche

Stadt, in der Pracht ihrer Paläste, Kirchen, Häuser, Märkte, Straßen, Spazier-gänge, Gärten, in und neben denen sich die kleinen Menschen geschäftig be-wegten. Dort floß der breite, glänzende Elbstrom, von Gondeln, Kähnen und Schiffen durchschnitten nach dem fernen Meißen, deßen Dom sich in der Ferne zeigte. Hier eine schöne fruchtbare Ebene durch die Berge des plaui-schen Grundes begrenzt, über ihnen lauschte die Spitze des Windberges still hervor. Nach morgen zu Weigärten, darüber ein langer, dunkler Wald, den die Lausitzer Chausee theilt. Südöstlich vom linkischen Bad bis Pillnitz ein Lusthaus und Lustschloß am anderen, die dunklen Häupter des Winterber-ges, des Lilien- und Königsteins, südlicher Pirna, näher eine dörferreiche Ebene, der große Garten, nahe an der Stadt, ein Kirchhof.

„Reinhard liegt dort begraben" [HP12], sagte der Führer und lobte den Entschlafenen. Die Theologen stimmten ein, still und laut. Obwohl sich der Schreiber dieses mit jenes Mannes religiösem System nicht ganz befreundet und oft bedauert hat, daß selbst solch ein Mann seinem Geist Feßeln anlegt, die zu zerreißen vor allen er würdig war, so erschien ihm doch stets deßelben Tugend, Fleiß und große Gelehrsamkeit bewunderungswürdig. Er hält ihn hinsichtlich seines Talents, die seltene Maße vielen Wißens wohlgeordnet nach einem schönen Ziel zu richten, für den größten Theologen nicht allein Deutschlands, sondern aller Völker und jeder Zeit. Hierin ist er – an Herzens-güte und Seelenadel sind sie einander gleich – der Gegensatz Herder, der ge-nialer sich zur Idee erhob, aber zu vielen Punkten menschlicher Bestrebungen zugewendet, seine Kraft zersplitterte und für die theologische Welt das nicht geworden ist, was er werden konnte. Wer nicht ihre Fehler meidet und ihre Tugenden zu vereinigen weiß, wird vergeblich danach ringen, als Theolog größer als sie zu seyn. Wir stiegen herab. Der Blaurok in Gedanken, so daß er einigemahl stolperte. Die unter der Kirche befindlichen Catacomben hatte der Kirchner uns zu zeigen keine Lust, und sie blieben von uns ungesehn.

Ins Gypskabinett, zu welchem wir uns nun begaben, wurden wir abermals nicht eingelaßen, sondern um 11 Uhr bestellt. Wir wendeten die Zwischenzeit dazu an, den vor dem pirnaischen Schlage gelegenen sogenannten großen Garten zu beaugenscheinigen. Er hat beinahe zwei Stunden im Umkreis, und eine Länge von 2.500 Schritten. Unter seinen nach den Himmelsgegenden ge-richteten vier Eingängen zeichnet sich der östliche und westliche durch coloßale Statuen aus. In der Mitte des Gartens steht ein Lustschloß. Es ist aus verschiedenfarbigen Steinen geschmakvoll erbaut und soll einen angenehmen Anblik gewähren. Vier Hauptalleen durchschneiden den Garten, deren eine ihn in zwei Hälften theilt. In der Mitte dieser Allee betritt man ein großes Parterre, deßen Eingang zwei in weisem Marmor gearbeitete Gruppen, der Nymphenraub von Corradini, zieren. Jenseits des Parterres befinden sich ein von Heken umgebenes Baßin und eine Kastanienallee, bei welcher zwei Sphinxe und verschiedene Gewächshäuser errichtet sind. Rechts vom Parterre ist die Wohnung des Hofgärtners und eine Ausstellung seltener in- und ausländischer Gewächse und Blumen. Die hinter dem Schloß fortlaufende Allee führt aus dem Garten ins freie Feld. Den übrigen Raum des Parks nimmt das Fasanengehege ein, in dem gegen 2.000 Fasanen unterhalten werden. In den kleinen Eingangsgebäuden wohnen bierschenkende Thorwächter.

Der Blaurok versicherte, es könne ihm in diesen langen Alleen nur gefallen, wenn man philosophierend in ihnen auf und abschreite oder im Gewühl vieler Menschen sich durchdränge. Der Advocatus schien zu denken oder mit jemand am Arm im heiteren Gespräch. Der Correctorand versicherte, er habe gar keine Lust sich hier spazierengehend zu ermüden.

Wir setzten uns neben die Hofgärtnerei und frühstükten. Eben schlug es 11 Uhr. Es entstand die Frage, ob wir hier bleiben und dann zu Moreau's eine halbe Stunde von hier entferntem Denkmahl gehn oder in die Stadt zur Besichtigung der Gypsantikensammlung eilen wollten. Letzteres geschah. Ein Viertel auf zwölf standen wir vor der so unzugänglichen Pforte! Sie öffnete sich, der Herr Inspector kam uns entgegen, zog ein griesgram-antikes Gesicht und bezeigte seinen Verdruß, daß wir uns doch noch eingestellt hätten. Auch sein Diener, das hagere Wesen, glaubte sich durch seines Herren Unfreundlichkeit berechtigt, uns merken zu laßen, es sey für ihn ein Leichtes, uns die Thür wieder zu öffnen und hinaustreten zu heißen. Ungewiß, was mit uns geschehn werde, standen wir da und warfen bald lüsterne Blike in den Saal, bald bittende in das grämliche Gesicht des Herrn Inspectors, als wollten wir sagen: „Wir glauben wohl, guter Mann, daß dir das beständige Demonstriren und Begreifenlaßen deiner Statuen zum Ärgern ist, aber überwinde dich, und geh das Pensum noch einmal durch." Jetzt tat er seinen Mund auf und fragte, wer und woher? Wir gaben behend Red' und Antwort. Darauf hieß er uns Hut und Stok ablegen und trat die Wanderung an. Unter den 400 von Mengs

[HP13] nach Antiken gewonnenen Copien sind viele außerordentlich schön. In allen bewunderten wir den Künstler, der gewißenhaft genug war, selbst die Mängel und Schäden der Urbilder aufs genaueste nachzuformen. Hier stand Laokoon, die erhabenste, fürchterlichste, hier die Mädizäerin, die schönste Gestalt der Vorwelt. Wer könnte sie sehn, ohne dort die Hände hilfreich auszustreken, da in willige Feßeln schließen zu laßen. Wie unendlich reizend ist diese Anadyrmann! Wie fein und jungfräulich der Körperbau, wie liebenswürdig die Unschuld und verschämte Anmuth!

Eine schlafende Venus. „O, wie schläft sie so schön! Welch sanfte Mattigkeit ist über ihre Glieder ausgegoßen! Wie schlürft sie in jedem Atemzug die Wonne des schmerzerlösenden, freudegewährenden Schlafes ein. Still, weke sie nicht!", möchte man sich zurufen. „Oder sich hinlegen und eben so himmlisch schlafen", sagte der Blaurok.

Der sterbende Fechter. Auf seine Arme gestützt liegt er da. Das beherrschte Gefühl eines männlichen, allmählig vergehenden Schmerzes im ernsten Angesicht, in der Brust die tödliche Wunde, das Schwert in der Hand, scheint es in jedem Augenblik, jetzt, jetzt stirbt er. Ein treffliches disce mori. Der Torso. Ein gewaltiger Naken. Der Blaurok setzte ihm in Gedanken das Fehlende oben und unten schnell an und stellte sich entschloßen wie David vor den Riesen und sagte: „Ich bin größer als du im Verstand, verstehst du mich!" Still sagte er das, um nicht aufs neue mit dem Herrn Inspector zu zerfallen, denn sie hatten sich bereits zweimal überworfen, indem jener nämlich den Werth dieser Gipsabdrüke sehr hoch, ja höher als den der Originale anschlug, worin er hätte Recht behalten müßen, weil hier günstige Stellung und Weise das sorgsamste Studium erleichtern, dann, indem er das Antikencabinett in Paris hinsichtlich seiner Lage gewaltig herabsetzte, worin er hatte gleichfalls Recht behalten müßen. Aber der Blaurok wollte doch bemerklich machen, er kenne es auch.

Cäsars Kopf. O ihr alle, die ihr diesen größten aller Römer in die Reihe der Despoten anderer Völker und Zeiten stellt, schaut ihm ins ernste, fast deutsche Antlitz. Wo der Zug eines Tyrannen? Er verachtet gemeine Dinge und Menschen, das ist sein einziger Fehler. Stolz im Bewußtseyn, nur er sey im Stande den toden Staat aufs Neue zu beseelen, verliert er das Ziel nie aus den Augen, ist er streng und doch so oft es nur geschehen kann, mild und güthig.

Er fällt, das Opfer eines patriotischen Schwärmers, der in dunkler Begeisterung für das Veraltete, die jezige Zeit und ihren Genius nicht deutet, er fällt, im Tode noch gros. Ein edler, erhabener, wahrhaft tragischer Character!

Hier ist Ciceros Kopf! Guter Mann, ich liebe dich auch. Ich verzeihe dir dein unmännliches Klagen und den Schmerz um dein sinkendes Vaterland. Hättest du in die Zukunft gesehn, wie wir alle Latein und die Prediger Wohlredenheit von dir lernen, gewiß hättest du die schlechten Zeiten ertragen und hie und da einen Satz ausgestrichen, wo du zu besorgen scheinst, man sehe nicht ein, du seyst ein Mann von Talent und Eifer für das Gute!

Hier des göttlichen Plato geweihtes Haupt. Gefühlvollster und bester aller Griechen! Prophet des Schönen! Liebling der Grazien! Lehrer der Weisheit! Reine, heitre Seele! Du glaubst nicht, wie ich dich liebe und den heiligen Ernst und den leichten Scherz aus deinem holdseligen Munde!

Es gab noch viele andere Köpfe, die der Blaurok gern angeredet, manche Larve, die er hätte reden laßen, aber der Herr Inspector eilt zum Mittagessen und unversehens standen wir da, wo vorher. Helmershausen drükte ihm einige Kopfstüke in die Hände, und in der Angst, die Gabe genüge nicht - wie wir das in Dresen gewohnt waren – schlüpften wir zur Thür hinaus und ins kleine Rauchhaus zu Tische. Wir aßen Schöpsenbraten und Reiskornbrühe. Was ist das für eine Brüh, mes dames?

Nachmittags trieb uns der Vetter wieder zu seinem Lieblingsplatz, der Brüke, der er immer neue Vorzüge abgewann, und wir ihn ins japanische Palais. Es liegt auf einem freien Platze in der Neustadt, eine wahre Zierde für Dresden! Die Facade zeigt Statuen und andere Bildhauerarbeit – alles im edelsten Styl. Das Gebäude, drei Stokwerke hoch, ist mit Kupfer cuppelförmig gedekt und trägt die humane Innschrift: Museum usui publico patens. Es enthält eine Sammlung vorzüglicher Porzellains, das Antiken- und Münzcabinett und die königliche Bibliothek. Wir traten durch das schöne, von Pfeilern getragene Portal in eine lange Halle und gaben hustend, klopfend, händeklatschend zu verstehen, Leute aus dem neuesten Jahrhundert wollten die Alterthümer betrachten. Nach vieler Mühe kam ein Diener heraus, vernahm unser Begehren und zeigte es dem Herrn Aufseher an. Dieser ließ uns sagen, er habe keine Zeit und die Gesellschaft sei nicht zahlreich genug. Da gedachte der Blaurok an 1815, wo er in Paris [HP15] dergleichen Unhöflichkeit in zuvorkommende Gefälligkeit wandelte, indem er an seinen Flamberg schlug und mit bitterbösem Gesicht schrie: „Voila monsier, je suis prussien", und fragte, ob man hier nicht wisse, was der Feldmarschall Blücher verordnet und publicirt. Aber andere Orte und andere Ordnung, hieß es jetzt, und er ließ seinen Unmuth am usui publico aus, welche Worte er sehr breit und gar nicht zum Vortheil des Herrn Inspectors übersetzte. Denn, dachte er, wenn man nicht verlangt, daß einem die Herren ihre beste Zeit aufopfern sollen, so ist man doch berechtigt zu wünschen, heute oder morgen wiederbestellt, und

Das Japanische Palais zu Neustadt Dresden - A.L. Richter (um 1825)

nicht so kurz abgefertigt zu werden, wie ein Bettler, dem man, um nicht in die Tasche zu greifen, entschieden zuruft: „Ich habe nichts Einzelnes."

Die leichter beruhigten Gefährten brachten ihn in den Garten, der nach japanischem Styl eingerichtet sich bis dicht ans Elbufer erstrekt und eine angenehme Aussicht in den gegenüber liegenden Zwinger, das italienische Dörfchen, die Stadt und deren Umgebung gewährt. Unterm Schatten kühler Linden fanden wir einige Linderung der schwülen Hitze, die uns recht fühlbar an das Clima in Japan erinnerte. Dunkle Wetterwolken thürmten sich von allen Seiten auf und machten uns besorgt, sie möchten uns um das Vergnügen bringen, den berühmten Freischütz aufführen zu sehen, um deswillen wir heute noch hier verweilten. Kaum waren wir in unserm Logis angelangt, so donnerte, blitzte und regnet es bis 6 Uhr, wo wir uns in das, wie wir meinten leere, Opernhaus begaben. Aber es war gedrängt voll, und wir mußten froh seyn, im Eingang des Parterre unter Zugluft stehn und schwitzen zu dürfen. Es dauerte lange, ehe die ersten prüfenden Striche und Pfiffe erklangen, und wir hatten Zeit, das uns umgebende residenzliche Publicum zu beaugenscheinigen. Die Gefährten setzten die Brillen auf und auch der Blaurok hob seine critische Nase in die Höhe und hielt mit claßischem Heldenmut die bewaffneten Blike mehr als einer schönen Dame aus. Endlich gab der Capellmeister das Zeichen zum Angriff, und rauschende und stille, ernste und lustige Töne wimmelten um uns herum. Wir sind alle drei keine Musicverständigen, aber das fühlten wir doch, daß die Dresdener Capelle ein Weber [HP14] dirigierte. Die Töne quollen hervor wie Regen aus einem Wolkenbruch, alles war ein Guß und Schuß! Der Vorhang ward aufgezogen und Blaurok sah und hörte zum erstenmahl das ihm so oft gerühmte Stük. Einige Stellen und Arien gefielen ihm, das Ganze nicht, und er bedauerte, daß eine so schöne Music an einen Text verschwendet worden sey, der höchstens dem phantastischen Geschmak unserer Zeit huldigt und außerdem allen künstlerischen Gehalts ermangelt. Es ist ja weder Sinn noch Verstand drin, weder Einklang noch Zusammenhang und der Schluß, das Probejahr! O, wie tief ist es aus der Idee des Ganzen herausgezerrt! Was die Charaktere betrifft … Doch was fragt man danach in einer Oper? Übrigens zeigten sich die Sänger und Schauspieler musterhaft, eingeübt, untadelig. Am meisten intreßirte uns Weber, der ungemein beweglich mit seiner hohen Stirn und kräftiger Nase zuweilen in unsern Gesichtskreis kam. Zufrieden, das Stük gesehn zu haben, und im Vorsatz, es nie wieder sehen zu wollen, gingen die Wanderer nach Hause, krochen in ein neues Schlafgemach – der Wirth hatte früh in der Meinung, wir seyn über alle Berge, No. 15 anderweit besetzt, zu Bette.

Fünftes Capitel: Die sächsische Schweiz

Durch die Dämmerung des fünfzehnten August schreiten die Wanderer leicht bekleidet, die Feldflasche an der Seite, Stäbe in den Händen. Ein Vierter hat sich zu ihnen gesellt, ein Mediciner. Seine Mittelstatur, Alltagsgesicht, Fischotterranzen, blauer Frak, Turnerhosen lassen nichts hoffen noch befürchten. Seine Gegenwart ist unbequem, er mehr still als mittheilend, übrigens gut zu Fuße. Das Wetter günstig, der Weg vom gestrigen Gewitterregen anfangs schlikrig, später derb, führt uns am rechten Ufer der etwas entfernten Elbe am großen Garten vorbei durch einige heitere Dörfer. Gutmüthige Gemüße- und Buttermänner und Weiber gehen zur Stadt, verstehn Spaß und geben ihn. Straßenfuhrleute kommen, fluchen und grüßen. Die Wanderer schreiten beherzt und frohmuthig gradaus. Der Blaurok fragt: „Sagt mir nur, wohin kommen wir zunächst?" „Nach Pirna", antworten die Begleiter. Nun giebt er sein Befremden zu erkennen, warum man so weit rechts gehe, um links in die Schweiz zu gelangen, aber die Gesellen ziehn drei schriftliche Wegweiser aus der Tasche und lesen ihm klar und deutlich vor: „Zwei Wege bieten sich uns dar, beide reich an mannigfaltigen Reizen; der eine am linken Elbufer nach Pirna, der andere am rechten Elbufer nach Pillnitz." Dagegen war nichts einzuwenden, aber gescheider wäre es doch gewesen, wir hätten uns, wie der Hofadvocat meinte, bei Pillnitz übersetzen laßen, den Borsberg bestiegen, und den Liebethaler Grund nicht ungesehn gelaßen. Ein mündlicher Wegweiser hätte uns rüstigen Wanderern ohne Zweifel so gerathen. Wir zogen es aber vor, um das gewöhnliche Miethgeld solcher Leute und ihr unausstehliches Geschwätz zu vermeiden, ohne ihre Führung die rechten Wege zu suchen, um so mehr, als wir junge Gelehrte mit Hilfe drei gedrukter Reisebeschreibungen drauf zu rechnen glaubten, wir fänden sie gewiß.

Bei Mügeln näherten wir uns wieder der Elbe, die an Rebhügeln drüben, Weidengebüsch hüben vorbeiströmte. Ein Schiff strich mit ausgebreiteten Segeln und wehender Flagge majestätisch vorbei und reizte die Lust zu einer Waßerfahrt in uns auf. Eine Zeit lang wandelten wir neben dem Strom und ergötzten uns wie alle Kleinflüßler an der ruhig dahinfließenden Fläche, auf der manche Gondel dahinschaukelte, Holzfähren schwammen, dem Ufer nah Fischer Netze stellten und leerten.

Bald erreichten wir Pirna. Wir hatten den vierstündigen Weg fast nüchtern zurükgelegt und kehrten hungrig in den außerhalb der Stadt gelegenen Gasthof zum schwarzen Adler ein. Entweder wußte der neuangezoge Wirth noch nicht, wie viel Butterbrod und Schweizerkäse vier junge Männer bis zur Sättigung bedürfen, oder unser Appetit zum Schweizergericht an der Pforte zur sächsischen Schweiz war in der That etwas stärker als gewöhnlich. Kurz, er hatte eine Zeitlang nichts zu thun, als einen mit dünnen Butterschnitten belegten Teller nach dem andern beizutragen, und schien so besorgt wie wir, ob er uns werde sättigen können. Hierauf gingen wir durch die freundliche Stadt, trieben nach alter Weise mit den Bewohnern und Bewohnerinnen mancherlei Kurzweil und ließen uns über den Strom setzen. Vom Ufer aus stellte sich das Städtchen mit seiner Umgebung recht angenehm dar. Es hat 500 Häuser, über denen sich die ehrwürdige Hauptkirche, die Klosterkirche und das Rathaus stattlich erheben. Dicht an der Stadt liegt die alte Burg Sonnenstein [OR11] auf der Spitze eines langen Bergrükens, der Ekstein, oder wenn man will, der Schlußstein einer Bergkette, die sich am linken Elbufer bis nach Tetschen in Böhmen erstrekt. Wir klimmten an der diesseitigen Bergwand zu zwei ärmlichen, aber romantisch gelegenen Dörfern und kamen dann in einen Schlucht, der uns nach oben führen sollte. Er war nicht tief und gar nicht schauerlich, doch lagen tüchtige Steine im Weg, und ein dürrer Waldbach tröpfelte kärgliches Waßer auf ein paar Kindermühlen. Unser Blaurok von vielen Seiten gewarnt, sich von der sächsischen Schweiz keine zu hohen Vorstellungen zu machen, hatte seine Ansprüche so tief herabgestimmt, daß sie hier schon Befriedigung fanden, und da seine Begleiter mehr verlangten, bemühte er sich nach Art wenig gewanderter Reisebeschreiber die Gegenstände zu vergrößern. „Seht dort den ungeheuren, überhängenden, fallenden Fels, dort den stürzenden, schäumenden Waßerfall" u.s.w. Seyd gefühlvoll und macht viel Wesens draus! – Die Manier stekte an, und bald verwandelte sich dieser Schlucht in die Wolfsgruft des Freischützen. Auch der Medicus taute auf, sprach bisweilen etwas Gescheides und intreßirte sich für die Pflanzenwelt, wobei er sich beim Vicar of Cimmern gewaltig empfahl, denn er hat, wie wir wißen, viel Vorliebe für Botanicer.

Jetzt betraten wir ein stilles, liebliches Wiesenthal. Drin lag ein einsames Haus nebst Scheune und Stall. Der Blaurok klagt über Hunger und wollte einkehren, allein die Begleiter gestatteten es nicht. Ein Fußpfad zog sich über

Steinbrüche und Baumwurzeln bergauf, dann wenig betreten querfeldein. Doch verfolgten wir ihn, da arbeitende Steinmetzen versicherten, er führe, wohin wir dächten, nach Lohmen. Oben überschauten wir einen ansehnlichen Wald, der sanfte und schroffe Höhen bedekte und mit dem düstersten Grau seltsam gestalteter Felsen ritterromantisch ausstaffirt war. Da wandelte uns die Ahnung größerer Dinge an, als wir alle erwartet hatten! Wir kamen nach Lohmen, einem langen Fleken von 780 Einwohnern, der ein königliches Schloß, einen englischen Garten, eine freundliche Kirche, eine hübsche Hintermühle, gute Steinbrüche und einen Eisenhammer hat. Auch wird hier starker Hopfenbau getrieben, wie Albina [UB29] versichert, und das alte Recht ausgeübt, nach welchem der Hausvater, dem ein Kind geboren wird, sechs Wochen lang Bier schenkt. Da kann's an jungem Bier nicht fehlen! Der Fleken zieht sich bergan, die Wohnungen zeigen Wohlhabenheit und die Gärten viele Kürbiße, was Albina zu erwähnen vergeßen hat. Auf einem steinernen Gartenpfeiler, hoch genug um herabzufallen und sich den Hals zu brechen, stand ein Knabe und beschaute sich den Fahrweg. Der Blaurok rieth ihm gütlich und wohlmeinend herabzusteigen. Allein er tath, als höre er nicht. Da legte der Hofadvocat seinen Stab wie ein Gewehr an und sagte: „Du, das schießt!" Der Knabe stieg langsam und bedächtig herunter.

Ich zweifle, daß meine schönen Leserinnen dies Ereignis so belachen wie wir. Allein ich bin auch nicht im Stande, ihnen das Comische dieser Sache zu veranschaulichen, das eigentlich in Helmershausens Behendigkeit, pustender Stimme und darin lag, daß uns im Augenblike selbst die Möglichkeit vorschwebte, der Stok sey geladen, aber blind.

Muntere Jungen gab's im Ort. Mehrere boten sich uns zu Führern an. Wir schlugen es ab und hiesen sie in die Schule gehen. Ein Wort, was bekanntlich den lebhaftesten Knaben aus der Faßung und auf andere Gedanken bringt. Nach einer Viertelstunde kamen wir nach Ottenwalde [OR12] und näherten uns dem Dorf zur Linken auf einem Fußpfad über Wiesen und dikem Gebüsch, das uns bisher die enge Thalschlucht verbarg. Eine Treppe von 144 Stufen wand sich in vielen Krümmungen hinab in die Tiefe. Die Begleiter waren früher unten als ich, der galant einigen ängstlich steigenden Damen nicht vortreten wollte. Ich hörte ihr verwunderungsvolles Ah und Oh und vermuthete, die Natur werde hier wie im Kopitzer Schlucht durch Menschenstimmen übertroffen. Wie erstaunte ich daher, als ich selbst unten angelangt, auf beiden Seiten der tiefen, engen Kluft 120 bis 160 Fuß hohe Felsenwände aufsteigen sah. So furchtbar und wild in- und aufeinander geschichtet und gethürmt, daß mir anfangs Hören und Sehen verging. Wir setzten uns auf einen großen im Wege liegenden Stein, um uns mit der sonderbaren Umgebung zu befreunden. „Hier ist's unmuthig-craß", sagte der Blaurok und schüttelte die leere Feldflasche. „Hätte ich etwas zu eßen und zu trinken, so wollte ich mir's nicht besser wünschen!" Doch verging ihm der Hunger und der Durst, als er im Grunde weiter wanderte. Die Felsen rückten so nahe zusammen, daß sich der Weg kaum vier Schritte breit durchschlingt. Tiefe Stille herrscht in der wilden Einsamkeit dieser Felsen, die uns in abenteuerlichen Riesengestalten umgaben. Hier steigt eine Felsenwand mit Farrenkraut und Moos düster bekleidet schroff in die Höhe, dort ragen zerklüftete Zinken empor, da zieht sich ein Schlucht durch die Tannen, Wurzeln und zerrißenes Gestein aufwärts, dort hängt eine gewaltige Steinmaße den Einsturz drohend über den Weg. Der aufgeregten Einbildungskraft wird es leicht, sich die gleichsam angedeuteten Gegenstände zu bestimmten Gestalten auszubilden. Bald gleicht die wohlgeformte Steinmaße künstlich geordneten Befestigungswerken, bald in einander gedrängtes, verwittertes, klaffendes Gestein den Ruinen eines Ritterschloßes, bald im Wege liegende Hügel den Gräbern alter Helden. Dike Wurzeln winden sich bald kriechend bald springend wie Schlangen hinauf zu den Fichten und Tannen, die hier dicht und hoch eine düstere, melancholische Nacht verbreiten, dort luftig und einzeln milde, zitternde Lichtstrahlen durch die Zweige entsenden, da gruppenförmig beisammen stehend das Auge durch ihr dunkleres und helleres Grün erquikend!

Jetzt erweiterte sich das Thal und links öffnete sich eine andere Felsenschlucht, der Schleifgrund genannt. Wir folgten dem Hauptthale, das der Raingrund heißt, weil er die Grenze zwischen der königlichen und der Dorfwaldung bezeichnet. Er führte uns am schmalen Ufer eines versiegten Baches zu immer wechselnden Wald- und Steinparthien. Die senkrecht gespaltenen Felsen drängen sich wieder zusammen. Ein Creuz in die Felswände links eingehauen, wo ein hochoben ausgeleiteter Tagelöhner zerschmettert, blutig und tod niederstürzte, und einige Schritte weiter, so stehst du im ottewalder Thor [OR13]. So nennt man ein leichtes Spiel der Natur, die auf zwei mächtigen eingestürzten Blöken einen dritten gelegt und den Ausgang aus dieser

Kluft bewunderungswürdig versinnlicht hat. Über schlanke Bretter schlüpften wir durch das Thor und schauten in ein breiteres, einladendes Thal, das aber bald durch vorspringende Wände eingeklemmt wurde. Einige im Wege liegende Felsblöke, die Schieferdächern gleichen, werden steinerne Häuser genannt. Sie verdeken Höhlen, in denen die Landleute während des Krieges ihre Habseligkeiten sicher verbargen. Endlich senkt sich links ein anderer Schlucht hinab. Es ist der wahlsche Grund, ein angenehmes Thal, dessen Felswände mit vielem Gebüsch, Farrenkraut, grünen und gelben Moosen mahlerisch bekleidet sind. Unter einer Eiche hatte ein gutes Mutterchen Tisch und Bänke aufgeschlagen und nöthigte näher. Wir setzten uns und verzehrten etwas Weisbrot und lauwarmes Bier. Der Hofadvocat trank zu unserer Verwunderung eine halbe Mandel [UB30] rohe Eier aus und gab dem Blaurok zu einem beklagenswürdigen Scherz im Prebischthor unschuldige Veranlaßung. Auf dem Rasen vor uns lag und stand eine Schaar Gymnasiasten und Studiosen, unter denen unser Medicus Berliner und Commilitonen erkannte. Der eine beschaute sich unbekümmert um das, was um und neben ihm vorging, seine Otter [UB31], die er in einer Weinflasche wohlverwahrt trug. Die anderen horchten aufmerksam auf die Vorlesungen eines jungen, der Gegend kundigen Landmannes, der stehend mit steigendem Selbstgefühl die nahen und fernen Reitze der Umgebung frivol enthüllte und sich nicht enthalten konnte, dem schon Gesagten dies und das beizufügen. Jene liesen sich kein Wort verloren gehen, trugen sogar mit academischer Gewißenhaftigkeit Namen, Lage, Höhe und Breite selbst der kleinsten Steinchen in die Schreibtafeln ein. Wir kennen unsern Blaurok schon von der Academie aus als einen nachläßigen Heftschreiber und können uns denken, welche Gloßen er zu dieser Scene machte! „Aus euch allen wird einmal nicht viel, hochzuverehrende Herren", sagte er, „das schreibt auch auf! Aber der Otternjäger ist mein Mann, der giebt Hoffnung! O Ihr Kleingläubigen, könnt Ihr denn nichts merken?"

Während wir in guter Ruhe sitzen, trinken und das Gedeihn einiger auf magerem Felde kräftig aufgewachsener Eichen still betrachten, erhebt sich der Vetter plötzlich, und die schnell ausgestrekten Arme fürchterlich herumschleudernd, schreit er den körnerschen Vers in die Lüfte: Alte Eichen pp. Erschroken sieht sich das Mütterchen um und fragt: „Daß Gott erbarm, was giebt's denn?" Sie befürchtete nämlich, die alten Eichen wären ihr in den Bierkorb gestürzt. – Es war ein gutes Weib, wir erfuhren bald von ihr, daß sie der

Himmel mehr mit Kindern als zeitlichen Gütern versehn habe, und wie schwer es in diesen Zeiten halte, sich ehrlich und redlich durchzubringen. Der gegenwärtige Sohn, ein Knabe von 12 bis 13 Jahren schien das nicht so zu empfinden und überhaupt das vierte Gebot noch nicht so richtig begriffen zu haben. Der Blaurok nahm daher die Gelegenheit wahr, es ihm einzuschärfen, und legte sogar sein Incognito ab, da der Knabe darauf keinen Werth setzte. Einige Fragen thaten nun, obgleich sie die Mutter des Trotzkopfes beantwortete, ihre Wirkung, und das Gewißen fing ihm an zu schlagen, zumahl da die Mutter, wenn der Pfarrer die Sondiernadel tiefer ins Herz des Knaben senkte, den Finger erhob und rief: „Hörst du! Hörst du!" Gern hätte der Fragende sein Geschäft bis zur völligen Rührung des Katechumenen fortgesetzt. Allein der Katechet sah es als einen Eingriff in seine Gerechtsame an, that eine Querfrage und brachte ihn und den Knaben so aus der Faßung, daß beide die Unmöglichkeit einsahen zu rühren und gerührt zu werden. Zum Beschluß verdarb noch der Mediciner durch einige profane Äußerungen das Ganze, und der Pfarrer ließ es unentschieden, ob er sich über sich oder seinen Begleiter ärgern sollte. Wir bezahlten die gute Frau und gingen von ihren besten Wünschen begleitet weiter.

Der Raingrund läuft noch eine halbe Stunde fort bis nach Wohlstädtel an der Elbe. Wir liesen ihn laufen und kletterten über den rauhen Schlucht, die Hölle genannt, ins Fegefeuer, so nannte Blaurok einen allmählich aufwärts führenden Holzweg. Nach langem Steigen kamen wir zu einer Wiese, dann zu einem steinernen Jagdtisch, den alte, ehrwürdige Fichten umstanden, und lauschten neugierig von einem Felsen herab in ein angenehmes Waldthal. Größeres stand uns bevor. Wir erreichten nähmlich bald darauf einen freien Platz und Waldhütten. Menschenstimmen und Music klangen uns entgegen, und wie wir einen fast fünf Ellen langen, spitz zulaufenden Felsenvorsprung – die Bastei – betraten – heiliger Himmel! – flogen unsere entzükten Blike über eine Landschaft, die 24 Quadratmeilen im Umfang die bezauberndste Aussicht gewährte! Unten in einer Tiefe von 800 Fuß strömte die Elbe in einem erhabenen Bogen, von Fahrzeugen belebt, durch frisches Wiesengrün. Die freundlichen Dörfer Posta, Heinchen, Potscha, Vogelsang, die Fluren von Westen und Pirna ruhn am Ufer. Von den Felsnachbarn sahen wir ganz nahe das Blankhorn, den Amselstein, den Honig- und Feldstein, beide altem Gemäuer ähnlich, den Gamerichstein, die schwarzen Schwedenlöcher. Links von der

Bastei starren die Wände von Neu-Rathen empor. Über den furchtbaren Abgrund, die Marterfalle, welche beiden Felsenmaßen trennt, führte einst, wie die Sage geht, eine lederne Brüke, die auf einem noch erhaltenen Pfeiler ruhte, und jenes Felsenschloß mit der Bastei verband. Weiterhin treten seltsame Felsenbildungen grau, zerhakt hervor, ein Profil Ludwigs XVIten. Den Vorder- und Hintergrund bilden unzählige Thäler, Hügel und 47 mehr oder weniger dem Lilien- und Königstein ähnliche Berge.

Aussicht von der Bastei in der sächsischen Schweiz – J. Riedel (um 1840)

Die Natur scheint in beiden die gewünschte Form erreicht zu haben. Auf mächtigen Sandbergen erheben sich schroffe und nur durch Menschenhände zugängliche Felsenwände wie Festungswerke. In alten Zeiten stand auch auf dem Lilienstein eine Burg. Dort erhebt der Winterberg sein zwiefaches Haupt, da der Zirkelstein seine wohlgerundete Spitze. Hinter ihm glänzt die weiße Kirche von Günthersdorf in Böhmen hervor, und ernst blikt der hohe majestätische Rosenberg im blauen Hintergrunde über die reiche Landschaft.

In dieses Bergwaldthal, das ein fast italienischer Schmelz umfloß, und auf's lieblichste erleuchtet und geschattet im Character erhabener Anmuth vor uns lag, schauten wir. Überrascht tief athmend, von warmer, nachmittäglicher Luft umweht, breiteten wir die Arme aus, als reichten die Augen nicht hin, alles zu erfassen, und ein innigliches Jauchzen drang unwiderstehlich aus der Brust. Unser Entzüken wuchs mit jedem Augenblik, der uns immer neue Reize enthüllte, und wurde, wie wir das ganze große Bild in uns aufgenommen, zu einem innerlichen Gesang. Wurden doch selbst die rohesten Gemüther beim Anblick solcher Herrlichkeit stiller, milder, gefühlvoll. Mit jugendlicher Übermüthigkeit schwelgten wir im Anschaun dieses Thales. Dann setzten wir uns an einen Tisch und verzehrten in höchst glüklicher Stimmung ein gutes Mahl und Wein. Über das ganze Helmershausische Gesicht strahlte die uns so liebe Jovialität in einer Üppigkeit, daß man ihn nicht ansehn konnte, ohne im Voraus den Scherz zu belachen, der ihm über die Lippen fließen wollte. Der Vetter detaillirte kunstverständig die Eigenthümlichkeiten dieser Landschaft. Er ergoß sich in Lobeserhebungen und versicherte, es halte schwer, sie als Gemälde aufzunehmen, aber komme er heim, so versuch' er sich doch. Vor des Blauroks Seele wandelten alle Bilder vergangener Schmerzen so verklärt, die gewöhnlichsten Gegenstände so heiter vorüber, daß er einmal übers andere ausrief: „Das Leben ist doch schön!"

Wir tranken auf's Wohl aller, die wir lieben! Hell klangen die Gläser in die Glückwünsche für dich, M. S.! Wir prießen den Freund selig, den in der gegenwärtigen Freude deine Gestalt, o Geliebte, umschwebte! „Wären doch unsere Mädchen da!", sagte Blaurok, „und Groh!" Wir tranken auf's Neue auf der Abwesenden Wohl! So zwischen frohem Ernst und ausgelaßener Lustigkeit schwebend brachte ein jeder sein Scherflein zur allgemeinen Erheiterung dar, und wir geriethen in eine Laune, die dem Genuß des Augenblicks hingegeben, eben so unschuldig, wohltäthig und beseligend ist, als es unmöglich ist, späterhin zu beschreiben, wie man war, worüber man gescherzt, und warum man sich des Lachens hat nicht enthalten können.

Die Musicer posaunten und schallmeiten mittelmäßig. Auch schlechter wäre es uns Sphärengesang gewesen, und der Blaurok versicherte, einen unbändigeren Hang zum Tanzen nie empfunden zu haben. Er fühlte sich so leicht und beweglich, daß er den strengsten Ansprüchen des critisirenden Groh genügen würde.

Einzelne Waldhorntöne und Trompetenstöße ins Thal hinab verhallten tief und schauerlich, waren aber nicht im Stande, uns ernster zu stimmen. Von Zeit zu Zeit eilten wir auf den Felsenvorsprung und rißen die Augen so weit als möglich auf. Dann wurde ein guter Kaffee getrunken und blaue Tabakwolken wohlbehaglich in die Luft geblasen.

Wir hatten uns, wie man sich denken mag, um die gegenwärtigen Fremden wenig gekümmert und nur bisweilen mitleidige Blike auf einen dürren Leineweber geworfen. Er stand an seinen Stab gelehnt auf einem langen und einem kurzen Bein vor uns und erregte den Wunsch, ihm das Fehlende zu ersetzen. Jetzt trat er herzu und bot seine Dienste als Führer an. „Ich bitte dich um alles, wie kannst du das? Du kannst ja kaum gehen!" „Ich marschire so schnell wie sie." Da wir dies bezweifelten, legte er einen Beweiß seiner Geschicklichkeit ab und hinkte hastig und unter entsetzlichen Grimaßen sich im Gleichgewicht haltend vor uns her. Der Blaurok rieth ihm gutmüthig, sich lieber hinter den Webstuhl zu setzen als hier müßig auf Bothenlohn vergeblich zu warten. Denn jedem werde es wie uns unverantwortlich erscheinen, ihn zu plagen. Er ließ nicht ab und wurde trotz unserer Weigerung immer zudringlicher. Wir brachen auf, gingen noch einmal auf den Vorsprung und schieden mit einem fast wehmüthigem „Lebe wohl, schönes Land!" von dannen. Zwei Preußen schloßen sich uns an, uns unlieb, aber unvermeidlich. Wir stiegen zum Felsennachbar der Bastei, zum Sopha. Der Hinkende hinterdrein. „Nehmen sie mich doch mit!", schrie er. „Nimm dich in Acht", schrien wir, in gerechter Besorgnis, er breche Arm und Bein, „bleib doch!" Er ließ sich nicht halten. Endlich sagte er: „Nehmen sie mich auch nicht mit, so können sie mir doch nicht verwehren, ihnen den Weg und die Berge zu nennen. Da ist die Vogelfalle, da die Schwedenlöcher, da das Blankhorn, da der Honigstein."… So viel Bereitwilligkeit ergriff den Blaurok, er hätte ihn gern mitgenommen, allein die Gefährten waren nicht zu überreden. Er gab ihm ein Geschenk und bath ihn thüringisch derb und nachdrüklich zurükzubleiben. Jener wollte aber das Geld verdienen und wenigstens eine Stunde mitgehn und war nur, als er den Blaurok unwillig werden sah, davon abzuhalten. Während dieser seinen Gefährten nacheilte, schrie er ihm immer noch nach: „Da ist die Vogelfalle, da die Schwedenlöcher, da das Blankhorn…" Solch Führernaturell war dem Blaurok noch nicht vorgekommen, und er beschloß, es aufzuheben.

Es dauerte lange, ehe wir auf den Knittel- und Steintreppen mühsam ins Thal traten. Der eine unserer Begleiter, ein baumstarker, derber Brandenburger, machte zum Zeitvertreib einige Späße, die nach Stall dufteten und vom Postmeister beifällig belacht wurden. Darob schlug unser Genius die Hände überm Kopf zusammen und wünschte, sich dieser Gesellen wieder auf gute Manir zu entledigen! Allein sie waren unserer Gesellschaft froh, und oft reichte uns der Alte unter schreklichen Flüchen über halsbrecherische Wege seine hilfreichen Fäuste. Endlich gelangten wir in die Vogelfalle. Ein schauerliches Thal umgab uns, hier dichte, da lichte Baumgruppen, und sahn über uns Felsen, Säulen, Pyramiden, Tempeln, Burgen, Schlößern ähnlich.

Beim Eintritt in den Rathnergrund machte Helmershausen aufmerksam, daß sich nach Angabe seines schriftlichen Begleiters der Amselfall in der Nähe befinde, den wir nicht ungesehn laßen sollten. „Über hohe Felsen", lautete die Beschreibung, „stürzt sich der Bach fast 30 Fuß hoch in mehreren Waßerstrahlen herab, der Hauptstrahl zerschellt in Staubregen auf einem Felsbloke. Unter dem felsigen Bette des Waßerfalls wölbt sich eine zehn Fuß hohe, fünf Fuß breite Öffnung, die uns in eine tiefe Höhle des Amseldachs bringt. Unser Führer zündet eine Fakel in der Grotte an, und bezaubernd wirkt in dieser Beleuchtung das prächtige Naturschauspiel."

Diese Beschreibung wirkte auf die im Carlsbad nicht völlig gestärkten Nerven des Alten so mächtig, daß er früher abgeneigt, müde wie er sey, eine zurükführende Parthie mitzumachen, nun selbst zum Aufsuchen des curiosen Amselloches antrieb und uns die Hoffnung naher Trennung vereitelte. An einem Bache wanderten wir eine halbe Stunde auf gut Glük aufwärts, den Weg wiederzufinden, der sich eben links in einem felsigen Schlucht verlor. Ein Holzbauer wurde gefragt, ob dies der rechte Weg sey. „Ja", hieß es, „immer grad' aus!" Wir traten in den Schlucht ein. Zerrißene Felsen stiegen von beiden Seiten näherrückend empor, und mühsam kletterten wir am steilen Ufer des Bachs weiter und höher. Endlich stellte sich uns eine hochemporgerichtete Steinmaße entgegen, von Disteln, Moos und hereinhängendem Gebüsch umgrünt. Eine feierliche Stille ringsum, aber der Waßerfall – fehlte. Dürftig sikerte hie und da etwas Waßer durch die Felstrümmer, und all unser Bemühn, mehr aufzufinden, war vergebens. So hätte uns wahrscheinlich der Waßerfall nicht überrascht. Lustig und guter Dinge, quasi re bene visa, wie der Postmeister meinte, traten wir den Rükweg an. Doch vermaß sich der Alte hoch und teuer, der Bauer hätte sagen müssen, woran es fehle, und er schlage ihn krumm und lahm, komme er hin. Allein es bewendete bei der Drohung, denn, da der Holzbauer versicherte, ein Müller habe den Bach abgeschlagen und zu seiner Mühle geleitet, fiel sein Zorn auf diesen und zuletzt auf die Ortspolizei, die solchem Unwesen gegenzusteuern verabsäumt habe.

Wir schlugen den aufgegebenen Weg wieder ein und gelangten am Ufer des tief und stark fließenden Grünbachs in die Marderfalle und zum Dorfe Rathen, dessen Häuser am Ufer schweizerlich liegen. Wir ließen uns nach Neu-Rathen übersetzen und betrachteten die Bastei. Auch von diesem Standpunkt aus imponirte sie als ungeheure vielzakige Pyramide. Jetzt wandelten wir über grüne Wiesen neben dem breiten glänzenden Strom. Wir standen unter dem Felsen, der von der Bastei aus das Profil Ludwig XVI^{ten} unverkennbar darstellte, jetzt keinen Zug erkennen ließ. Der Brandenburger hatte sich in der Nähe größere Ähnlichkeit versprochen und war sehr unzufrieden. Wir schritten dem Lilienstein näher. Der Berg zur Seite, von dem wir ihn besteigen wollten, mit Busch und Nadelholz bedekt, entfernte sich immer mehr. Man folgte dem Blaurok, der den ersten besten Fußpfad links einschlug, in der Hoffnung, er führe nah und gut. Neben junger Waldsaat und tüchtigen Bäumen stiegen wir auf. Der Weg nahm immer mehr die Natur eines Holzwegs und zuletzt die eines wenig betretenen Rasenhains an. Der Blaurok lächelte zu den Vorwürfen, er führe immer verkehrt, brach rechts ein und ermahnte die Begleiter zur Nachfolge. Mistrauisch kam einer nach dem andern. Man trat aus jungen Fichten ins Freie, und vor uns lag der Lilienstein. Eine Sandbergmaße von beträchtlichem Umfang steigt von Haide und Heidelbeersträuchern reichlich, von Fichten, Birken und Brombeergesträuch spärlich bewachsen gegen 1.000 Fuß hoch auf, bricht ab, und 300 bis 400 Fuß hohe Felsenwände starren schroff und steil empor. Die Höhe ist teils nakt, teils mit großen Fichten und Tannen versehn. Ein schöner Berg!

Wie der Brandenburger die steilen Wände sah, sank ihm der Muth. Es sey keine Möglichkeit, sagte er, hinaufzukommen, er laße den Berg liegen. Adieu! Der Postmeister folgte ihm. Wir gewißermaßen froh, den derben mit dem faden Gesellen losgeworden zu seyn, hoben die Bergfahrt an. Ein Bergpfad war nicht zu finden. Wir schlugen die Albina und Nicolaitina [UB29] auf. Jene sprach von einem Führer, der von einem Dorfe Ebenheit aus in einer halben

Stunde auf den Gipfel bringe; diese von einem auf südwestlicher Seite befindlichen Weg, auf dem man ohne Führung dahingelange. Wir stritten uns über Südwest und entschieden unglücklicherweise dahin, hier sey es. Also aufwärts! Das Steigen wurde immer beschwerlicher, der Fuß gleitete bald im Sande, bald über der Haide aus, und je höher wir stiegen, desto steiler wurde der Berg. Von der Seite ist ihm nicht beizukommen, dachte der Blaurok und trennte sich, willens, wie er sagte, den Berg zu umgehn, und finde er eine gangbare Stelle, die Gefährten zu rufen. Gleiches versprachen jene, vielleicht redlicher als er, dem nach und nach in den Sinn kam, die Gelegenheit benutzend still abzuschleichen. Er ging. Dort schritt der Brandenburger über die Ebene, stolz als streke vor ihm, wie 1756 vor seinem Könige, die sächsische Armee das Gewehr [UB32].

Du willst keinen Stein auf die Sachsen werfen, dachte der Blaurok, Hunger thut weh. Hält er dich doch auch ab, den Berg zu besteigen. Jetzt sank ihm die Ohnmacht der ganzen Armee von 18.000 Mann in die Knie. Sie zitterten und begehrten, sich bei Schandau der Ruhe zu ergeben. Er erreichte die östliche Seite des Liliensteins und vergaß sich und die Sachsen ins liebliche Elbthal nach Schandau hinab schauend, das aus glänzenden Fenstern heiter abendlich zu ihm aufblickte. Drüben am Ufer zwischen Bergen eingeklemmt lag das Städtchen Königstein. Hammerschläge summten herüber. Neben der Stadt die weltberühmte Vestung. Der Wanderer hatte für sie, die Unbezwingliche, aus den frühen Erzählungen seines Vaters eine unermeßliche Hochachtung gefaßt und freute sich ungemein, sie so grau, schauerlich, wild, steil und gros zu finden, wie er sie sich in seiner Kindheit gedacht. Dazu verlieh die untergehende Sonne ihr und der ganzen Umgegend ein wunderbar ergreifendes, geisteriges Colorit.

Dem Betrachtenden schlich sein Vetter ächzend und krächzend nach. „Höre, Carl", sagte jener, „es ist heldenmüthig, seinen Vorsatz zur rechten Zeit aufzugeben. Der Heldenmuth beseelt mich. Wie ist's, gehst du mit nach Schandau? Wir machen dort Quartier." Der Vetter hatte keine Lust, er meinte, es müße herrlich seyn, von solcher Höhe den Sonnenuntergang zu betrachten! „Das ist es gewiß, aber wenn der Mensch matt ist wie ungeschmelzter Spinat, so ergreift ihn das Schönste weniger. Und haben wir nicht hier genug zu sehn?" Während dieses Gesprächs kamen der Medicus und der Hofadvocat heran. Ihre Gesichter, von Schweiß und Staub bedekt, glühten. Wir redeten ihnen zu, ihren Vorsatz aufzugeben. Vergebens! Sie hätten die größere Hälfte des Berges umgangen, ein Weg müsse gefunden werden, und sie wollten hinauf. Der Blaurok freute sich im Stillen über so entschloßene Rede, stellte aber auch sein Vorhaben in helles Licht. Man hatte nichts einzuwenden. Die Partheien trennten sich. Jene stiegen bergan, die Gevattern bergab. Anfangs um jene besorgt, denn es nachtete, dann sie beneidend, denn die Sonne ging wunderschön unter, einmal sogar im Begriff ihnen nachzuschreiten. Aber eine arcadische Schäferin, die strikend ihre Herde ins Dorf leitete, hielt sie mit der Versicherung ab, jene würden den Gipfel schwerlich erreichen.

Wen wir in den beiden Dörfern, durch die wir wanderten, oder sonst im Felde trafen, bathen wir, den zwei nach uns kommenden Burschen zu sagen, wir wären im Badehaus zu Schandau eingekehrt. Diesen Entschluss änderten wir, in der Stadt erfahrend, es liege noch eine halbe Stunde entfernt. Wir kehrten in Ulrichs Gasthof auf dem Markte ein. Ein gutes Abendbrod schmekte vortrefflich. Indeß vergang eine Stunde nach der andern, und die Bergwandler kamen nicht. Wir besorgten schon dies und das. Da hörten wir drausen Tritte und über das Pflaster hinstreifend Stöke. Der Blaurok sprang hinaus. „Seyd ihr's?" „Ja". Die Wanderer traten ein, müde und erzählend, was sie gesehn. Es war ihnen gelungen, den Weg zu finden. Nicht ohne Gefahr klettern sie über gehauene Stufen, eine Balkenbrüke und Felsentreppen zur Hochebene, schreiten mit tiefem Athemzug über einen drei Fuß breiten, den ganzen Felsen spaltenden, tiefen, tiefen Kluft, lesen in einer Spitzsäule, daß ihnen schon 1708 Fridericus Augustus Rex, Elector Sax., den Berg zugänglich gemacht, ergötzen sich an einer umfaßenderen Aussicht als auf der Bastei und steigen über Stok und Stein nächtlicher Weise herab nach Schandau, ohne daß sie ein einziger ins Badehaus gewiesen. Nachdem wir uns gegenseitig über das heut Gesehene ausgesprochen, legten wir uns zur Ruh und schliefen unter seidenen Bettdeken wie Küchlein unter mütterlichen Flügeln.

In der Frühe des sechzehnten Augusts brachen wir auf, um an diesem Tag das äußerste Ziel unserer Wanderung zu erreichen und womöglich nach Dresden zurükzukehren. Das Städtchen von 170 Häusern und 980 Einwohnern lag noch in guter Ruh. Wir kamen zum Badehaus und freuten uns darauf, einer jungen Dame, die sinnend vor demselben lustwandelte, vier beherzte Morgengrüße zuzurufen. Sie war verschwunden, ehe wir ihr uns näherten. Wir traten in den Kierischgrund [UB33] ein, der beschriebenermaßen immer malerischer wurde. Drei Mühlen, der scheiteflößende Forellenbach und unsere oft jubelnden Stimmen belebten ihn. Die Morgensonne vergoldete die Felsenspitzen über uns. Eine Schaar breslauer Studiosen ging vorüber. Sie grüßten, in der Meinung ihres Gleichen zu sehn, mit dem altehrwürdigen Burschengruß. In der Nähe der Heidemühle stand verborgen eine Höhle, genannt die Metze. Der Blaurok drängte sich durch sie und entging wider Erwarten allen spitzen Bemerkungen seiner Freunde. Oberhalb der Mühle leitete eine Holzbrücke rechts über den Bach. Wir gingen drüber, dann bergauf. Ein Fußsteg und Holzlehen brachten uns auf die Höhe des Hausberges. Von da schlang sich ein Pfad durch Birken und eine dichtgepflanzte Fichtenallee, und unversehens standen wir vor der berühmten Felsenhalle. In dem großen, aus dem Habichtgrund aufsteigenden Felsen erweitert sich ein anfangs 28 bis 20 Fuß hohes Gewölbe zu einer Höhe von 80 Fuß und 70 Fuß Breite. Das ist der Kuhstall. Wir setzten uns auf eine Bank und beschauten den gigantischen Bogen des Gewölbes. Schade, daß ihn Rauch und unzählige Fremdennamen entstellen!

Auch diese Sandsteinmaße ist von Fichten, Gebüsch, Moos und Blumen bewachsen, von einem tiefen Abgrund und einer zwar beschränkten, aber sehr romantischen Felsen- und Waldlandschaft umgeben. Aus einer Seitenhalle führte uns ein schmaler Weg dicht am Abgrund um die Wand des Felsens. Wir sahen hier deutlich die Spuren alter Befestigung in den großen Falzen, worin starke Thüren mit Riegeln eingelegt waren. Wir gingen weiter und standen vor der Öffnung eines, das Haupt des ganzen Felsens theilenden Spaltes. Man stelle sich einen Felsensprung vor, viel enger als das Dr. Faustgäßchen in Erfurt, höher, mächtiger, feuchter. Dadurch sollen wir gehen. Der Blaurok auf gefährlichen Pfaden selten der Lezte, lies seinen Begleitern die Ehre des Vortritts und konnte nicht begreifen, wie man einem Menschen zumuthen möge, sich hier durchzuzwängen. Fällt es den beiden Wänden ein, etwas näher zurüken, so stekt man drin – zerquetscht, und alle Hoffnungen, die du und die Welt von dir hast, sind zerquetscht, und was ist das für ein jämmerlicher Gedanke, zerquetscht zu werden!

Während er so stand und dachte, krochen die Gefährten drin hinauf. „Geht's denn?", rief er hinein. „Prächtig", sagten sie. Aber das Wort klang so schauderig in seinen Ohren, daß es ihn eher ent- als ermuthigte. Endlich dachte er, was sollte aus der Welt werden, wenn alle Leute von deinen Jahren ums Leben kämen! Er schritt kek hinein. Über Knüppeltritte und schmale, in den Felsen eingehauene Stufen drängte er sich aufwärts und hatte gerade so viel Licht, um einzusehn, wie wenig fehle, um sagen zu können, es ist ganz dunkel allhier. Mitten in der Kluft machte er halt, um, wie Winkelmann [HP16] in Rom, darüber nachzudenken, wo er sey. „So eng habe ich meine Tage nicht gestekt!" Der Gedanke gab ihm Heldenmuth.

Der Kuhstall – C. Koehler, J. Poppel (um 1850)

Jetzt wurde die Kluft wieder enger, aber heller, und mit der Wendung, die ihm noch von anno 15 als halbrechts bekannt war, drängte er sich hinauf. Es wurde heller, immer heller, und endlich trat er dem Felsen aufs Haupt und in die frische, freie Luft. Statt seine Heldenstirn mit verdientem Lorbeer zu umschlingen, lachten ihn die Gefährten aus. Das verdroß ihn und, um ihnen den unzweideutigsten Beweiß seiner Hochherzigkeit zu geben, sprang er auf einen spitzigen Abhang und brach lebensgefährlich eine Blume ab, die ihr

Haupt in den gräßlichen Abhang neigte. Sein Vetter in Verzweiflung, das Wagnis veranlaßt zu haben, sah ihn im Geist straucheln, umfallen, hinabgleiten – und faßte ihn behend und zurükziehend am Blaurok. Er folgte aber nicht eher, als bis er die Versicherung empfangen, man zweifle nicht mehr an seinem so oft verkannten - wie soll ich sagen? – Heroismus.

Der Fels selbst erhebt sich rings von Bergen umgeben aus der Tiefe 800 Fuß hoch, die niedrigeren überragend, von höheren überragt, die verschiedengestaltet den Augen das verschiedenste Tannengrün entgegenführten und fern in grauen Düften und Nebelwolken hineinwüchsen. Auf der Deke unseres Kuhstalls fanden wir einen Waßerbehälter, Kellergewölbe und Spuren vormahliger Befestigung, wie sie einst Räubern und noch früher raublustigen Rittern zum Aufenthaltsort gedient, und von Fallthüren, geheimen Stiegen und dergleichen gestarrt haben soll. Im dreisigjährigen Krieg retteten die geängsteten Landleute sich und ihr Rindvieh hierher, daher der Name Kuhstall.

Wir stiegen auf der entgegengesetzten Seite etwas bequemer hinab. Eine links sich öffnende Höhle führte uns in viele Felsenkammern, dann zwischen hohem Gemäuer über Felsenstüke in eine tiefe Gruft. Ein zerrißener Spalt gähnte auf, und wir schauten schwindlich in einen schauerlichen Abgrund. Kehrt man links zur Eingangshöhle zurük, so gewahrt man eine andere Abtheilung des inneren Felsengebäudes und kömmt zu einer Stelle, wo sich zwei Felsen nach dem wildensteiner Wald hin aufsperren. In mächtigen Gruppen lagern sich ringsum das lange Horn, der Affenstein, die Schramsteinwände, die hohe Liebe, der Lilien-, Bär- und Pfaffenstein.

Wir nahmen unsere Tische und Bänke wieder ein und schmausten ein reinlich aufgetragenes Frühstük, denn auch hier, wie auf der Bastei, hatte eine Familie ihre wirthliche Hütte aufgeschlagen. Es schienen gute Leute. Sitzend, eßend und trinkend beschauten wir die Fremdenbücher. Wir fanden manchen guten Gedanken und Bekannten, heitere, empfindsame, alberne Freudenseufzer, geschmakvolle und –lose Nebenbemerkungen, Witz und Narrheit wie im menschlichen Leben und trugen unsere Charaktere auch ein. Während der Hofadvocat die Nachbarn des Kuhstalls, das Schneiderloch, den Kanzelstein, die Pfaffenklause, in die hußitische Lichtenhainer ihren Pfarrer stürzten, besah, dampfte der Blaurok ruhig seine Pfeife und schrie Ach und Weh über die gottlosen Pfarrerkinder.

Es kam eine Gesellschaft, die hie und da mit uns zusammengetroffen, jetzt näher beschrieben wird. Ein Herr und eine Dame nebst Kammermädchen, alles Alltagsgesichter und -menschen. In ihrer Begleitung ein schlanker sechzehnjähriger Jüngling, neugierig, vorlaut, beständig auf einer kurzen Trompete blasend, etwas zudringlich, der Dame verwand, Gymnasiast, wie es schien, gutmüthig und gefällig, so daß er blies, wo und wie lange man wollte. Ein Führer schritt langbeinig und geschwätzig voran. Der Blaurok gegrüßt, stand auf – er hatte heute seinen höflichen Tag – und nahm die Mütze ab. Jene beschauten sich die Halle und machten einige Bemerkungen über ihren Namen. „O wärst du sitzen geblieben", dachte der Blaurok. Der Jüngling suchte sich einen günstigen Standort aus und trompetete in den Abgrund. Der Schall verklang angenehm tönend in der Ferne. Jetzt wendeten sie sich auf des Führers Rath links um die Kluft. Glükliche Reise! Kaum waren sie fort, so traten die Brandenburger in die Scene. Der Alte bedauerte herzlich, daß wir uns seit gestern Abend nicht gesehn, der Postmeister fragte, ob wir hier delicat gefrühstükt. Er bekam eine kurze, jener eine lange Antwort.

Wir brachen gegen 10 Uhr auf. Etwa 150 Schritt vom Eingang der Halle öffnete sich ein Schlucht und führte uns durch Felsengänge, deren Wände Farrenkraut, Moos, Flechten, Gebüsch bedekten, in den tiefen dunklen Habichtsgrund. An einer klaren Quelle unten betrachteten wir den Wunderbau des hohen Kuhstallberges. Wir kamen hierauf zu einer Holzbrüke und wußten nicht, ob wir drüber gehen sollten oder nicht. Der Weg war vergeßen. Doch trugen wir die Lage des kleinen Winterberges noch im Inneren und gingen darauf los. Nach einer Viertelstunde erreichten wir den Fuß des Berges und kimmten über Basalttrümmer, die eingesunkenen Gemäuer oder Höhlen glichen, hinauf. Heidel- und Brombeeren wurden wegtreu gepflükt. Jetzt klangen uns Harfentöne entgegen. „Sind wir denn im Elisium?", riefen wir und marschirten nach dem Takt der Music aufwärts. In einer Tannenhütte saßen zwei Harfner, es waren Böhmen, fertig und eingeübt, ihr bestes Talent zu zeigen.

Doch eilten wir erst zum Winterhäuschen, das Churfürst Christian zum Andenken eines von seinem Vater im August 1558 hier bestandenen Jagdabentheuers errichten ließ. Ein gewaltiger Hirsch springt nämlich von Hunden gehezt auf den hohen abhängenden Felsen. Der Churfürst verfolgt ihn. Beide stehn einander gegenüber. Jeder auf dem jähen Felsenrand. Der

Hirsch stürzt wütend auf ihn zu. „Entweder ich oder du stirbst", sagt der Churfürst, legt an, und der Hirsch sinkt in den Abgrund. Eben wollte der Blaurok vom hohen Werth der Geistesgegenwart reden, und wie oft ihm diese seltene Eigenschaft selbst das Leben gerettet, da erhob der edle Ritter seine gewaltige Stimme und las mit ernstem Pathos: „Wir bliken über den waldigen Felsenschlund zu unseren Füßen, aus deßen Finsternis der Stokaar, der Mäuseaar, der Habicht und andere Raubvögel aufsteigen." Wir lachten, denn von all diesem Gethier war nichts zu hören noch zu sehn. Das Häuschen selbst, eine allerliebste Rotunde, verdiente beßer erhalten und vor schmierigen Händen gesichert zu werden. Es trägt eine Innschrift, die in guten lateinischen Distichen [UB34] die Geschichte poetisch beschreibt, welche wir so eben in Prosa vorgetragen.

Wir traten in den Bardenhain zurük, setzten uns auf eine morsche Holzbank, den Harfnern entgegen, und hörten ihrem schlechten Gesang und gutem Spiel zu. Dann setzten wir die Bergfahrt fort, denn obgleich wir um vieles höher als auf dem Kuhstall standen, den höchsten Gipfel des Berges, der große Winterberg genannt, hatten wir noch nicht erreicht. Anfangs über zerklüftete Basalte, dann durch junges Tannenholz gelangten wir in den schattigen Buchenwald, der das Haupt des großen Winterberges bedekt. Helle, nieversiegende Quellen rieselten uns entgegen. Wir traten auf die oberste Kuppe, standen 1.824 Fuß hoch über der Meeresfläche, rißen die Augen so weit als möglich auf und schauten und schauten und schauten über das ganze meißner Hochland, die Gebirge der Lausitz, das Erzgebirge, das lachende Elbthal; südlich eine unübersehbare Kette von Bergen bis zur Tafelfichte und dem schlesischen Grenzgebirge – eine Fläche von 24 Quadratmeilen! Der Anblik war unbeschreiblich schön! Im Thal strömte die Elbe an Dörfern und Städten vorbei und verlor sich in den böhmischen Feldern. Unzählige Berge, vielzakig, hingelagert, steil, scharfgespitzt, rund um uns her, Thäler, Wälder, Wiesen, Saatfelder, Höfe, Dörfer und Städte nah und fern, hoch über uns das prächtige blaue Himmelsgewölbe und die strahlende Mittagssonne! Wem hätte nicht dies alles das Herz erhoben? Der an berliner Sandhügel gewöhnte Medicus starrte die Berge an, und wir alle jubelten und versicherten einmüthig, eine so umfaßende Aussicht noch nie gesehn zu haben.

Die hübsche Waldhütte oben wurde uns aufgeschloßen. Wir lagerten uns auf die Matrazen und balgten uns drauf, um unsere Freude auszulaßen. Da

floß mancher gute Kernwitz; manche alte und neue Anecdote lebhaft mitgetheilt, erschütterte das Zwerchfell. Gutes Bier ward getrunken, Music gegeßen, mit den Löffeln an die Gläser geschlagen, daß sie hätten springen mögen.
„Wären doch unsere Mädchen da", rief der Blaurok, „und alles, was uns liebt
und ehrt", schrie der Vetter. Der Hofadvocat aber machte kostbare Schlag-
reime. Kurz, die weite Aussicht hatte uns, wie man wohl merken wird, in jene
lebensfrohe Lustigkeit versetzt, in der auch der Jocus, wie gescheide Psycho-
logen wißen, sein muthwilliges Spiel treibt.

Nach und nach kam auch die im Kuhstall verlaßene Gesellschaft an: der
Herr, die Dame und die Kammermamsell schachmatt, der Postmeister er-
schöpft, der Alte keuchend und fluchend über den mordheilosen Weg. Der
Trompeter trat auf und tönte nach allen Weltgegenden.

Wie sich die Gesellschaft in beiden Hütten gesprächig erging und gegenseitig nährte, schlich der Blaurok hinaus auf die Spitze des Berges, wo eine
Basaltsäule nach Südwest schwarzgrau zu Tage ausgeht. Er legte sich lang
und breit wie er ist, drüber hin, schaute in den Abgrund und schlug sich von
der Basaltsäule ein kleines Stükchen ab, willens es seinem kleinen Vetter Mar-
tini mitzubringen, von dem er hofft, daß er es in Mineralogie weiter bringen
werde als er.

Bei dieser Gelegenheit mochte die Taille seines Rokes länger scheinen als
sie ist, denn wie er den Kopf umdrehte, bemerkte er, daß der Trompeter sie
neugierigst betrachtete. Eigentlich war ihm das nicht übel zu nehmen, denn
als solche Taillen Mode waren, saß der gute Knabe noch in der Quinta. Allein
der Blaurok sprang hastig auf und rief: „2.000 Meilen bin ich nun von meinem
Vaterlande entfernt!" Drauf sprach er einiges in einer ihm selbst unverständ-
lichen Sprache. Der Trompeter konnte sich nicht länger halten, er fragte: „Darf
ich fragen, woher sie sind?" „Ganz hinten aus Nordamerika heraus", antwortete der Blaurok. Jener erschrak vor Freude, bezeugte sein Erstaunen über die
Ehre so seltsamer Bekanntschaft und lief schnell zum Herrn Onkel und Frau
Tante, um ihnen seine Entdekung mitzutheilen. Alle betrachteten nun das
Wunderthier mit solcher Begierde, sich seine außereuropäische Physionomie
einzuprägen, daß eine nordamerikanische Gewandheit, wie sie der Blaurok
in solchen Fällen besitzt, nöthig war, um nicht aus der Rolle zu fallen. Dies

hatte übrigens die Folge, daß sich der Blaurok nicht ins Fremdenbuch einzutragen wagte und statt seines Namens findet man bloß die vom Hofadvocat verfaßte Nota; des vierten Name ist im Kuhstall zu finden, wohin man zurükzugehn und zu lesen bittet.

Ehe wir schieden, unterhielten wir uns mit dem Winterwirth, einem Mann, der Spaß verstand und erwiderte. Auch seine Tochter, ein gesundes, munteres Landmädchen schlich herzu, die lustigen Gäste kennen zu lernen. Sie war Braut, wie wir hörten, und uns desto lieber, denn es gehörte doch ein canibalischer Sinn dazu, um nicht für eine Braut, so nahe dem schönsten Ziel und dem Lamento, das hinterdrein folgt, eine gewiße Neigung und die Begierde zu empfinden, ihr des Bösen so wenig, des Guten so viel als möglich zu wünschen. Der Blaurok und seine Gefährten mochten ihr gern einen Handschlag geben, und er bat in einer breiten Rede den Vater, solch ehrlich Vorhaben nicht zu hindern. Dieser hatte nichts einzuwenden. Der Blaurok setzte also die Mütze auf, hing die Feldflasche über, nahm seinen Stok in die linke Hand, drükte dem verschämten Mädchen herzhaft und glükwünschend die Hände. Dann stellte er sich neben sie, um drauf zu sehn, daß alles ehrlich und ordentlich zugehe, denn dem Medicus war nicht ganz zu trauen. Der Herr Vetter und der Hofadvocat machten natürlich ihre Sache ohne Tadel. Der Medicus aber bog den Kopf, und da das Mädchen an der Wand stehend rükwärts nicht ausweichen konnte, bog sie sich gleichfalls vor, und es war das zu befürchten, was nicht geschehen sollte: da hieb der Blaurok mit seinem Stok von obenherin drein, daß beinahe die beiderseitigen Nasen in Gefahr kamen. Aber die Scheidung war erreicht. Der Blaurok machte sich im Stillen einige Elogen [UB35], daß er auch in diesem Rok auf Zucht und Sittsamkeit gebührendermaßen sehe, ging in die andere Hütte, wünschte der Mutter und den Landleuten, die drin waren, Gesundheit und tägliches Brod und sprang der Gesellschaft, die bereits bergab wanderte, nach. Denn nunmehr hatte das Steigen ein Ende.

Wir merkten bald, daß unsere Laune zu der philisterlichen Stimmung der übrigen nicht recht paßte, gaben deshalb wenig auf sie und thaten als wären sie nicht da. Doch ließen wir den Trompeter hin und da blasen und trafen mit dem Alten bisweilen zusammen. Sein Witz war oft unvergleichlich, und wir erwiesen uns bereitwillig, den guten Kern samt der harten Schale zu verzehren.

Die Thüringer rißen Zweige von den Buchen zum Andenken ab, blieben stehn, bald liefen sie, pfiffen, sangen Strophen aus alten Capitalliedern, tummelten sich herum wie Leute, die es wohl fühlen, daß sie der academische Genius nicht im letzten Semester verlaßen hat. Die ganze Natur schien theilnehmend um sie zu musiciren und ein blendender Schimmer umgab die Wälder und Felsen, an denen sie vorüber wandelten.

„Hier geht's Böhmerland an", sagte der Führer, und die beiden Vettern riefen sich zu: „Hier ist Böhmen!" Ein eigenes Gefühl ergriff mich und ihn, wie wir den heiligen Boden unserer Väter betraten [HP22]. Es war, als schwebten sie um uns, die Manen der Trefflichen, die aus Liebe zum reinen Evangelium ihre Wohnung verlaßen hatten. Das Herz brannte in uns. Dann schlich sich die Wehmuth ein um das einst so tüchtige, für alles Beharrliche und Gute so beharrliche, jetzt so entgeistete Volk! Der Pfarrer rief mit dem schmerzlich klagenden Jeremias: „O Land, Land, Land, höre des Herrn Wort!" Die Stimme verklang ernst und traurig in der Gegend.

Der Trompeter hatte indeß das neue Land mit Trompetenschall, der Alte unterm Donner Brandenburgischer Flüche begrüßt, da erwachte der Blaurok aus seiner träumerischen Wehmuth. Er vernahm Harfenklänge. Wie er nun um eine Felswand, alten Burgmauern ähnlich, herumbog, sah er ein Mädchen stehn, schlank, feingebildet, ländlich aber knap gekleidet, die Sichel in der Hand. „Bist du eine Böhmin?", rief er ihr zu. „Ja." „So sey mir willkommen. Ich bin dein Landsmann!" Das Mädchen erschrak, als der fremde Mann rasch durch Gebüsch und hohes Gras zu ihr einbrach, und wäre wohl davongelaufen, hätte ihr nicht das Wort Landsmann wichtige Dinge vermuthen laßen. Als er sich ihr näherte, deutete er ihr kürzlich seine Freude an, sie zu sehen und verlangte einen Handschlag, den die Dirne, in der Hoffnung einen alten lieben Soldaten in ihm zu erkennen getäuscht, unwillkürlich gab. Der Vetter kam nachgerannt und that ein Gleiches. Auch der Medicus und der Hofadvocat wollten Landsmann seyn, und das gute Waldmädchen schien nicht wenig über die unerwartete Ehre erstaunt. Hierauf wendeten wir uns zu den Harfnern, ließen einige lustige Stückchen aufspielen und bezahlten sie ziemlich freigebig.

Durch eine vom Waldbrand versengte Fläche schritten wir in den Jordan, so heißt eine von Tannen wohlbestandene Gegend. Plötzlich drang Himmelsluft und Licht durch die Bäume. Ein Pfad links führte uns am Rande eines Abgrundes zu der Stelle, wo wir eine ungeheure, runde Felsenspitze aus der furchtbaren Tiefe des über 1.200 Fuß sich hinabsenkenden Prebischgrundes, den Prebisch-Schlegel, abgesondert von der senkrechten Wand im Hintergrund, hervorragen sahen. Darauf wendeten wir uns zur Felsenzunge, die links in den Prebisch, rechts in den Hirschgrund hinabstürzt, betrachteten das an jenseitiger Wand des Prebischgrundes hervorspringenden Felsenhorn, das Prebischhorn genannt, und erreichten endlich das Ziel unserer Reise: das Prebischthor.

Ein schmaler Fußweg führte uns auf die Deke desselben und zu einer belohnenden Aussicht in Böhmens anmuthige Gefilde. Dann stiegen wir herab, links um, an einer Hütte vorüber, ins Thor selbst. Es führt den Namen in der That. Am jähen Absturz der Felsenwand liegt über zwei 120 Fuß weit auseinanderstehende, 120 Fuß hohen Felsensäulen eine 60 Fuß lange Steindeke, von Moos und Gebüsch und Blumen bewachsen, und bildet eine Wölbung, durch die du in den Himmel hineinzutreten glaubst. Mitten im Thor steht eine 40jährige Fichte. Wir betrachteten das Wundergebäude mit freudigem Erstaunen, dann das herrliche Thal und die gegenüberliegenden Waldberge. Nachdem sich das Auge in der Ferne schweifend ergangen, kehrte es in die Nähe zurük. Die Hütte ist höchst romantisch an die rechte Seite der Felsen gebaut, neben ihr Tische und Bänke. Wir nahmen Platz. Eine ansehnliche laute Gesellschaft war schon da, alles verzehrte böhmische Suppen. Die Thüringer verlangten sie auch. Dem Blaurok wurde Zeit und Weile lang eh' er was zu eßen bekam, er schlich nach gut soldatischer Manier in die Küche, half der Wirthin, brach und legte Holz ins Feuer, setzte Töpfe auf, schäumte die Fleischbrüh. Die Küche war eine natürliche Halbgrotte, der Herd in Stein gehauen, der Rauchfang ebenfalls von der Natur gewölbt. Hier stand der Blaurok und kochte. Der Hofadvocat schlürfte in langen Zügen seiner Pfeife Tobak und die Reize der Gegend. Der Medicus schäkerte mit der Magd, dem kurz zuvor begrüßten Waldmädchen. Der Conrector stieg auf einer Leiter ins Hühnerhaus, das gleichfalls im Felsen saß. Mehrere Eier trug er triumphirend heraus, frischgelegt, noch warm. Sie wurden in die Kraftsuppe geschlagen und fröhlich geschmaußt. Dann setzten und legten wir uns nach Bequemlichkeit um die Tische, und was jedem die Natur an Jugendsinn und Laune verliehn, brach hervor. Helmershausen zeigte sich in vollem Glanze, selbst des Mediciners Alltagsgesicht überflog ein Anflug höheren Genies. Der Postmeister war weniger fad und der alte Brandenburger wie in eine Zauberwelt versetzt, ungemein gemüthlich und sprachselig.

Gegen zwei Uhr erhoben wir uns. Der Medicus nahm Abschied; sein Beruf oder Neigung führte ihn in die Lausitz. Wir kletterten über Felsen- und Knüppelstufen steil hinab, ewig lang, so daß der Alte aufhörte, die Tritte zuzählen, und fast die Hoffnung aufgab, noch heute ins Thal zu treten. Etwas später als der Advocat, der mit kühner Waghalsigkeit hinunterrannte, gelangten wir Schleicher in das Harzgründel, dann in den sumpfigen Bielgrund. Bei einer an Felsen angelehnten Mühle fiel der uns begleitende Bach in die Kemniz. Die stärkerrauschende führte uns zu den Häusern des böhmischen Dorfes Hirniskretschen [UB36]. Kaum hatten wir es betreten, so liefen uns Knaben entgegen, zogen ein Band vor uns aus und begehrten Lösung. Es geschah gern und reichlich. Als aber das Manöver unzähligemal wiederholt wurde, fiel die Gabe immer kärglicher aus, und der Brandenburger half zuletzt mit seinem Stab und Donnerwetter der Bettelei ab. Überall im Dorf Armuth sichtbar. Die Bewohner grob und heimtükisch. Der Blaurok sprang zu einer auf hoher Cavate [UB37] eines Hauses sitzenden Familie. Ein altes Mütterchen strikte am Strumpf und both Obst zum Verkauf an. Zwei Kinder spielten neben ihr, ein stämmiger Bursch und ein derbes Mädchen saßen, die Hände im Schoß, dabei und suchten sich die Langeweile zu vertreiben. Erst scherzte er mit allen nach der von den Sachsen so wohl aufgenommenen Weise; man schien sich darüber zu ärgern. Er kaufte Birnen und warf sie unter die Jungen, die unten standen und darnach schrien. Der Alten verdroß es, daß er sie nicht selbst eße. Der Blaurok gerieth in den Harnisch. „Weißt du was, Alte, man muß die Leute nicht anfahren, wenn man nicht weiß, wer sie sind! Ich bin Euer Landsmann." Die Jugend versetzte vorlaut, er möge ihretwegen seyn, was er wolle. Der Blaurok hieß sie an die Arbeit gehen. Da hatte er es getroffen. Es folgten Schmähungen, die undankbaren Knaben stimmten ein und hoben Steine auf, und er eilte davon. Zuerst traf er seinen Vetter, der vor der Statue des heiligen Nepomuk stehend eine flüchtige Skizze entwarf. Dann gingen sie beide in die nahe Kirche. Sie hat einige gute Gemälde.

Am Ende des Dorfes erreichten wir die Gesellschaft wieder. Der Grund öffnete sich, die Kemniz stürzt ins Felsenbett der Elbe, eine hohe glatte Felswand ragt empor, und wie wir die vorspringende Seite des Felsens umwandern, sehn wir am Fuß der ungeheuren Wand einen stattlichen Gasthof, das Lehngericht, dicht an der Elbe, von Schiffen und Kähnen umgeben. Hier verlangen wir nach Anweisung der Albina melniker Wein – ist ausgegangen – köstliche Forellen – keine da. Böhmischen Käse wollten wir nicht. Die Leute schienen nun geneigt, uns gar nichts zu geben. „Närrische Leute", sagte der Blaurok. „Schöne Landsleute", murrte der Vetter. „Ungeschliffene Burschen", dachte der Hofadvocat. „Odiöses Gasthaus", kehlte der Postmeister. „Verfluchte Stokböhmen", brummte der Brandenburger. Endlich faßte er den jungen Wirth derb beim Arm und fragte. „Habt ihr gar nichts?" „Kaffee" „Gebt den." Wir tranken ihn und eilten davon, nicht nur weil der Aufenthalt der angenehmste nicht war, sondern auch weil wir noch heute nach Dresden zurük, also einen Weg von etwa 6 Meilen, wo möglich zu Waßer, machen wollten. Wir suchten eine Gondel zu miethen, fanden sie übertheuer und liesen uns auf das linke Elbufer übersetzen, um nach Schandau zu gehen, wo es, wie man sagte, an Fahrgelegenheiten selten fehle. Fast hätten wir ein Schiff, das lustig vor uns hin segelte, beneidet, allein unser Weg war ungemein reizend. Wir wandelten in einem Wiesengrund, der von Berg und Wald begrenzt, von Bächen häufig durchschnitten, die jenseitigen Felsenparthien bequem beschauen ließ. Hier sahen wir Schmilka, die guten Bierwände, neben denen Schmilkas ehemaligen Bewohner ihr Bier von Schandau heimtrugen, die Gosken, den Butterwek, den Sonnenzeiger für die Nachbarschaft, die Schramsteinwände, Postelwitz und seine Steinbrüche. In diesen wird ein feiner fester Sandstein nicht ohne Gefahr gewonnen. Die Steinmetzen arbeiten oft Wochen, ja Monate lang auf Leitern an einem Koloß, der gesprengt oft sie selbst zerschmettert oder in den Strom links hinabstürzend und einsinkend alle Mühe vereitelt.

Die Schnellwandelnden wurden auf einmal aufgehalten. Kleine, schwarze, an der Brust weisgeflekte, langschwänzige Mäuse waren auf einem Haufen zusammen und fuhren beißig und schmerzlich pfeifend auf einander hinein. Sie blieben als wir kamen, fuhren beißig und noch schmerzlicher pfeifend nach unsern Stöken, und ließen uns vermuthen, sie seyen entweder vergiftet oder von einer Art Wuth ergriffen. Wir machten ihrer Qual ein Ende. Schade, daß das naturforschende Mitglied nicht gegenwärtig war, um seine genauen Untersuchungen anstellen zu können. Ohne Zweifel hätte er ein Exemplar in die Tasche gestekt und mit nach Hause getragen! Man kann dich nicht vergeßen, alter Döbling!

Nachdem wir einer kleinen Bergkapelle bei Krippen einen flüchtigen Blik geschenkt, ließen wir uns übersetzen nach dem heiteren von Fahrzeugen aller Art umlagerten Schandau. Hier bemühten wir uns ebenfalls vergeblich um eine Gondel. Ein Wagen hätte uns erst nach langen Umwegen nach Dresden zurükgebracht. Da ermahnte uns ein alter, wohlbeleibter, wakrer Zolleinnehmer zu warten; es kämen gewiß noch Schiffe, die uns um ein geringes mitnehmen würden. Da kömmt schon eins. Der Brandenburger besorgt, es entgehe ihm, rief er nach einem Kahn und wollte hinfahren, aber der Zöllner beruhigte ihn. „Es ist böhmisch", sagte er, „muß hier halten und Durchgangszoll entrichten." Bald darauf eilt ein junger Mann Papierrollen tragend vorüber, und der bei uns verweilende Steuermann des Schiffes gewährte unsere Bitte gern. Wer war froher als wir!

Die Wanderer eilten in den Gasthof, stekten jeder einige Semmeln und kalten Braten in die Tasche, füllten die Feldflasche und zogen zur Waßerfahrt gehörig verproviantirt ins Schiff ein. Es war 40 bis 50 Fuß lang, mit einer Kajüte versehn und mit Obst befrachtet. Der Advocat erinnerte sich seiner Rheinreise und die Loßier freuten sich der bevorstehenden, ihnen noch unbekannten Lustfahrt. Alle versicherten, das gebe der Schweizerreise den rechten Schluß. Dabei vergaß der Blaurok auch die Hauptsache nicht. Er kroch in die Kajüte, pflanzte sein Abendbrod aus und that sich gütlich. Zu seiner Verwunderung tranken die Ruderer den angebotenen Branntwein nicht, und nur der Schiffsjunge lauerte den Augenblik ab, wo er ungesehn von den Gefährten tüchtig schlukend von der Erlaubnis Gebrauch machen konnte.

Die Rast dauerte länger als uns genehm war. Endlich, es mochte 5 Uhr seyn, richtete man den Mastbaum auf, griff zum Ruder, trieb das Schiff in die Strömung, und nun schwamm es sanft den Fluß entlang weiter und weiter. Uns, von der heutigen Wanderung ermüdet, dünkte es gar wohlbehaglich, uns auf glatter Fläche fortzubewegen. Eine laue Kühlung wehte, und das herrliche von Bergen und Wäldern eingeschloßene Thal erschien in ernster, stiller Majestät.

Der Blaurok hatte sich in ein nestförmig gewundenes Tau gelegt und verglich sich nicht unglüklich mit einer brütenden Henne. Lang hingestrekt lagen neben ihm seine Freunde und im hinteren Raum die beiden Preußen. Der Alte spendete von Zeit zu Zeit einen Kernwitz. Auch mit den Vorbeischiffenden koseten wir viel, und die munteren Schiffsgesellen gewannen uns bald lieb.

Jetzt näherten wir uns den ehrwürdigen Gestalten des Lilien- und Königsstein, beide vom wunderlieblichsten Dämmerungslicht umflossen. Die Schiffer zeigten uns die Königsnase, den Felsvorsprung, auf dem der berauschte Heinz von Grünau lebensgefährlich schlief, und andere namhafte Stellen. Dann näherten wir uns Rathen und der Bastei und genoßen noch einmal das gestrige Vergnügen. Diesem Felsen schräg gegenüber liegt der Bärstein. Hierher entfloh im Jahre 1639 schwedischen Soldaten eine schöne Jungfrau. Die Verfolger entdekten sie, wollen gierig ihre Beute umfaßen, da springt sie vom hohen schroffen Felsen hinab in den Abgrund und wird zerschmettert und tod gefunden. Davon heißt der Ort Jungfernsprung. Soll ich noch ein Wort dazu sagen?

Wir erreichten das Städtchen Vehlen. Tief aus der Dämmerung stieg ein altes zerfallenes Schloß auf. Zwei Schiffer wurden abgeschikt im Städtchen Lichte zu hohlen, zwei schleppten einen Ofen aus der Kajüte, stellten ihn aufs Verdek, legten Holz und Feuer ein und kochten Kartoffeln. Bald flakerte und dampfte es tüchtig. Die Ruderer wurden muthwillig. Sie nekten die Mädchen, welche am Ufer wandelten oder ihre gebleichten Linnen heimtrugen, sprangen sich haschend auf dem Verdek über schmale Bretter und den Ofen herum, daß uns bald um sie bange wurde. Jetzt rief sie der Steuermann bei einer seichten Stelle ans Ruder. Die Thüringer gewannen Raum, huben ihre Stimme auf und sangen. Als wir schwiegen, stimmten jene einen Schiffergesang an, ihnen antworteten wir mit dem besten academischen Lied, sie begannen von Neuem. Und so sangen wir lang abwechselnd gegeneinander. Unter anderm gaben sie uns eins zum Besten, das uns sehr wohl gefiel, des Sinnes: ein Bursche liebt ein Mädchen, sie verschmäht ihn, er tröstet sich und sie thut sich ein Leid an. Einer unserer Begleiter glaubte, es ziele auf ihn, und um eine fallende Gemüthsbewegung zu verbergen, brüllte er in die Schlußreime mit ein.

Es war Nacht. Der Mond stieg auf, einzelne Sterne flimmerten, die Kartoffeln waren gar. Die Ruderer setzten sich in die Kajüte und schmaußten. Oben auf dem Verdek saßen wir. Den Mond hüllten Wolken ein. Die Nacht webte den Trauermantel immer dichter und warf ihn jetzt rabenschwarz herab. Die Umriße der Berge zerfloßen, trüb und ahnungsvoll düsterten die gewaltigen Maßen, des Stromes Wellen schauerten leise! Es gemahnte uns wie auf Lore's Strom [UB38] und als hörten wir aus tiefer Ferne verlorene Klänge des alten blinden, an vergangene Zeiten denkenden Oßian!

Der Blaurok konnte es, leicht bekleidet wie er war, von äußerlicher Nachtluft und innerlicher Rührung bebend, nicht länger oben aushalten; er kroch in die Kajüte. Ob sich die Gefährten in diesem erhabenen Nachtleben gefielen und sich der Zeit erinnerten, wo auch in ihren Seelen alles so stark und dunkel aussah wie hier, oder ob sie der fernen Geliebten sehnsüchtig gedachten, weiß ich nicht, doch vermuthe ich das Leztere, denn sie verweilten so lange, daß der um ihr Wohl besorgte Freund einigemahl, wiewohl vergeblich, hereinzukommen rief.

Von Pirna waren wir schon zwei Stunden entfernt, da gaben die Schiffer den Vorsatz auf, gegen Sitte und Recht in der Nacht zu schiffen, fuhren nach dem Ufer, warfen die Anker aus und bereiteten das Nachtlager. Es mochte um 11 Uhr seyn. Der Brandenburger lamentirte um Kaffee, Punsch oder andere schlafabwehrende Getränke. Sie waren nicht zu erhalten und der nächste Ort wenigstens eine Stunde entlegen. Die Schiffer legten sich: drei ins Bett, drei unters Bett, drei neben das Bett, in Basttuch und grobes Segeltuch gehüllt, zwei auf die Bänke. Drei leere Stühle füllten den übrigen Raum völlig aus. Auf ihnen sollten wir fünf der Ruhe pflegen. Da erbarmte sich der Schiffsdiener unser und ließ ein Brett auf den einen Stuhl und die Bank legen. Ohne Haß und Neid strekte sich der Blaurok auf's Brett, legte sein Haupt auf die Arme und dämmerte. Da fielen ihm die beiden Freunde oben wieder ein; er stieg wieder auf und rief fast befehlend: „Kommt und schlaft hier!" Schlaftrunken stieg der Vetter herab, that einen Fehltritt und fiel mit der Thür ins Schlafgemach. Der mit Müh' erwekte Hofadvocat nahm den schmalen Raum, den ihm sein langausgestrekter Schlafkamerad übriggelaßen, ein. So saßen und lagen wir wie Fische nach frischer Luft schnappend, und alle lachten. Dem Brandenburger fiel ein Spaß nach dem andern ein, wir lachten, die Schiffer wachten auf, erzählten und lachten mit, und zulezt gerieten wir so ins Lachen hinein, daß wir nicht wieder herauskommen konnten. Zwischendurch jammerte der Alte um Kaffee, wollte 8 gr. für eine einzige Taße geben und stieg nach und nach zu dem enormen Preis von 1 rl 12 gr. Die Feldflasche ging um und wurde leer.

An Schlaf war lange nicht zu denken; der Brandenburger war unerschöpflich, und wenn er auch das Salz gewöhnlich mit der Mäste (Salzfaß) umwarf, so schien es doch zur ganzen liederlichen Scene zu passen. Doch verdient bemerkt zu werden, daß der Blaurok den nakten Kindern der brandenburgischen Laune immer ein Hemd umwarf, die zerrißenen anständig kleidete, die ungezogenen zog, und den Alten freute es ungemein, daß sie in der fremden Erziehungsanstalt so feine manierliche Leute geworden waren. Hatten wir übrigens oft bedauert, nicht in Eurer Gesellschaft, meine schönen Leserinnen, zu reisen, so waren wir jetzt heilfroh, Euch zu Hause zu wißen, denn wo in aller Welt hätten wir Euch wohl geziemend unterbringen mögen.

Nach und nach klagte der Alte nicht mehr um Kaffee, sondern um Schlaf; sein Witz floß spärlicher, dann trübe, endlich stokte er. Alles schwieg. Da richtete sich der Blaurok auf, stieß den Alten an und sagte: „Macht noch einen Spaß, Onkel!" Aber der Onkel war eingeschlafen. Die Ruderer schliefen und schnarchten erschreklich. Der Postmeister schnaubte, das Licht war von der diken Luft ausgegangen. Der Blaurok schob ein Seitenfensterchen auf, stieß aus Versehen an seinen Vetter und wekte ihn, legte sich wieder zurecht und dämmerte ein. Darauf bemerkte der Vetter, daß der Advocat im Schlaf sitzend, nachdem er einigemal das schwere Haupt geneigt und aufgerichtet, das Gleichgewicht verliert, vom Brette herab und dem nächsten Ruderknecht auf den Leib fällt. Dieser giebt ein Zeichen dumpfen Gefühls, schläft fort und auf seinem elastischen Leibe ruht das juristische Haupt sanft und wohl gebettet. Seines leeren Sitzes bemächtigte sich der Vetter und schläft auf den harten Tisch gelehnt, leichter als er vermuthet hatte, ein.

Sechstes Capitel: Dresden und Niederzimmern

Kaum graute der junge Tag, so waren wir auf, rannten aufs Verdek und schüttelten die tausendpfündige Last einer so ungewöhnlichen Nacht um die Hälfte ab. Doch fühlten wir uns immer noch unerträglich schwer. Der dike Dunst des Schlafgemachs schien uns Hände hoch in den Augen und im Gesicht zu liegen, und der Leib war wie von einer Baumrinde umgeben. Allein das Bewußtseyn auch so etwas erfahren zu haben, überwand alle Schwierigkeiten.

Der Anker wurde gelüftet, das Fahrzeug in die Strömung getrieben, und die Reise ging weiter. Bald lag Pillnitz, der stille Landsitz des Königs, zur Seite. Wie anmuthig lag es da im Schimmer des Morgenlichts; das alterthümliche, vieltürmige Gebäude! Von der Waßerseite umgaben es schöngebildete, antike Gondeln. Vier große, breite Pavillons mit toskanischen Säulengängen und sinesischen Kupferdächern stehn vor dem Schloß, zu dem stattliche Kastanien- und Pappelalleen führen. Hinter demselben auf dem Berge das sogenannte Raubschloß, alten Burgtrümmern nachgeahmt; wie denn überhaupt die Reize, welche die Natur diesen Umgebungen verlieh, von der Kunst mit zartem Sinn erhöht worden sind.

Neben Weinbergen rechts und unzähligen Lusthäusern, Schlößern und Gärten, links neben freundlichen Dörfern schwamm das Schiff. Die Scene erweiterte sich. Das prachtvolle Dresden lag vor unsern Augen. Glockengeläute tönte näher. Um sieben Uhr stiegen wir ans Land. Wir eilten ins kleine Rauchhaus, erfuhren, daß Nummer 15 noch nicht leer geworden, überhaupt für uns hier kein Unterkommen zu finden sey, und quartirten uns ins deutsche Haus ein. Auf die Frage des Marquer's: „Was ist gefällig?", schrien wir ihn unisono an: „Waßer!" Er brachte es und wir fuhren wie waßersüchtig hinein. Der Schreiber dieses hat es oft im Stillen bedauert, daß er sich und seine Leser nicht von der Erde erhebt. Aber jetzt muß er sie sogar bitten, sich mit ihm und seinen Gefährten unter Waßer zu tauchen und es mitzufühlen, wie ihnen der reinste, klarste Waßergeist ein unendlich süßes Wohlbehagen von den Fingerspitzen bis in die Zirbeldrüße, durch den ganzen Leib bis in die Fußzehen gießt, und sie gleichsam verjüngt, es mitzufühlen, wie sie in frischer Wäsche und Kleidern immer poetischer werden, es mitzufühlen, wie sie von der Kraft eines guten Burgunders erheitert leicht und selig in der langen Stube auf und ab wandeln, als schritten sie wie die homerischen Götter über den Spitzen der Berge hin, bis sie der Vetter mit der allseits bekannten, hastig schnikenden Händebewegung anruft: „Höret, es ist hohe Zeit in die Kirche zu gehen!"

Wir gingen in die Hof- oder Sophienkirche, um einen der berühmtesten Kanzelredner unserer Zeit, Ammon [HP17], zu hören. Eine zahlreiche, dicht gedrängte Versammlung. Harmonischer, vollstimmiger Gesang verwischte schnell alle heidnischen Gedanken in den Jünglingen. Sie horchten neugierig und andächtig auf den Prediger, der über die Behandlung falsch Begeisterter zu sprechen begann. Die Rede gleich anfangs fortreißend, drang tief und erschöpfend in den Text und Gegenstand ein, erschöpfte aber in ununterbrochener Steigerung fortschreitend auch die gereizte Aufmerksamkeit deßen, der von Rechts wegen am stetigsten hätte zuhören müßen. Er konnte seinem Herrn Amtsbruder das Verdienst nicht absprechen, daß er ein bereder Mann sey und alles wohldurchdacht und gehaltvoll vortrage. Aber wenn er auch seine Sprache und Haltung unangetastet laße, die eigene Bewegung seiner Hände – er strekte sie mit den angefangenen Perioden grad'aus, zog sie mit den schließenden gefaltet zurük – nicht zu einförmig finde, das Einfache, Herzliche, Prophetische, Salbungsvolle, die hohe Ruhe des geistlichen Redens – vermißte er.

Ich höre, meine schönen Leserinnen fahren auf und werfen dem Schreiber vor, hier rede augenscheinlich Neid aus ihm; er habe auch seine Fehler und wer weiß, wie viele. – Nun, nun, der gute Mann wollte ja blos einleiten und begreiflich machen, daß er seine Gedanken vom Reden nach und nach abgezogen und auf die Zuhörerinnen gerichtet habe. Unten in den Stühlen saßen sie sauber, reizend gekleidet, in kostbaren Shawlen und Hüten und auf den Hüten – das bunteste, schönste, lieblichste Gewühl von Blumen und Bändern, daß man sich denken mag. Den Blüthen ähnlich, die die geistliche Beredsamkeit aus guten und schönen Herzen lokt. Wie anregend muß es doch seyn, vor solcher Versammlung zu predigen, dachte der Blaurok, wo man wenigstens von der Hälfte halb, von einigen ganz verstanden wird, und wo auch einer oder zwei den Kunstgehalt einer Predigt zu würdigen wißen! Residenzen haben doch ihre Vorzüge, die höhere Bildung wirkt aufs religiöse Leben wohlthätig ein! – „O Dresden, in welchem Ruf stehst du im Auslande", donnerte jetzt Ammon und griff beherzt seine falsch begeisterten Mitbewohner an.

„Richtig", sagte der Blaurok, „an solchen Leuten kann's natürlich auch nicht fehlen", und hörte wieder aufmerksam dem Redner zu, der immer kühner, eifriger und strenger den Irrthum angriff und vermeiden lehrte und die zweideutige Hülle, in der er sich als dogmatischer Schriftsteller gefällt, wegwerfend, ein sehr würdiger Prediger erschien! „Es ist doch etwas Erhebendes um Euer Amt", sagte der Blaurok, und der Redner sagte: „Amen!"

Wir warteten, wie so viele zum gerechten Unwillen der Geistlichen thun, die Hauptsache des Gottesdienstes, den Segen, nicht ab und schloßen uns an die in die katholische Hofkirche strömenden Schaaren an. Gewährte es auf der einen Seite einen erhebenden Anblik, die herrliche Kirche voll Menschen zu sehn, so war es auf der andern Seite empörend zu sehn, wie hier der Gottesdienst zum Schauspiel herabgezogen wurde. Die Menschen gingen ein und aus, drängten sich in den Gängen auf und ab. Vom Schall der Fußtritte, Rauschen der Kleider, Geplauder schwatzhafter Lippen brauste die Kirche. Drin schritten einige Schweizer einher in hechtgrauen Hofröken mit langen Marschallstäben. Sie ermahnten zur Ruhe und trieben rechts und links die Menge aus den Gängen. Hinter ihnen quoll sie wieder zusammen. Ungeachtet des Geräusches predigte der Geistliche in steigendem und fallendem Klageton ruhig fort, und statt seine Rechte, wie der Blaurok dachte, strafend grad'aus zu streken und mit aufgehobenem Finger zu dräuen, hob und senkte er beide Hände flach und segnend auf und nieder. „Herr Amtsbruder, steige herab, wir wollen die Lärmer aus dem Tempel treiben", rief ihm der Blaurok halblaut zu. Da tippte ihm der hechtgraue Marschall sanft zudringlich mit seinen langen Fingern derb auf die Schulter, empfahl Ruhe und von da weg zu gehn. Der Blaurok wich aus und trat von der Maße gedrängt an seinen vorigen Standpunkt zurük. Das ist hier so Sitte, und ihr nachzukommen heißt katholische Andacht. „Amen", sagte der Herr Weise und das Hochamt und die Castraten begannen. Hatten wir uns ihren Gesang grell und widerlich gedacht, so überraschte uns jetzt eine der Kirche sehr angemeßene, feierliche, himmlische Music und verminderte den bösen Eindruk wieder, den es immer auf lutherische Gemüther macht, wenn sie statt ihrer gewohnten Ruhe und stillen Feierlichkeit das pompöse Getöse ihrer katholischen Glaubensbrüder mit anhören müßen.

Während des Hochamts näherten wir uns dem erleuchteten Hochaltar und den königlichen Stühlen. Rechts saß der König. Der alte, ernste Mann hörte andächtig zu. Ein sehr ehrwürdiges Antlitz! Auch die Seitencapelle nahmen wir in Augenschein, und da wir stehend die Altargemälde nicht betrachten durften, so gaben wir unserer Seele einen Stoß und fielen auf die Knie.

Nach geendigtem Gottesdienst traten wir auf die Treppe neben den Gang, auf welchem die königliche Familie ins Schloß zurükkehrt. Unter vielen genau und stetig beobachteten Förmligkeiten bewegte sich der ansehnliche Zug vorüber. Der König führte die Königin an seinem linken Arm, die königlichen Brüder ihre Gattinnen wie wir die unsrigen. Die Prinzeßin Auguste ging ungeführt. Ein glänzender Hofstaat folgte nach. Alles erinnerte an die gute, alte churfürstliche Zeit.

Beim Austritt aus der Kirche sahen wir noch eine Copie der von Ammon geschilderten Originale, einen Menschen nämlich, den die Andacht hin und her schlug und zu Grimaßen und Bewegungen verleitete, die einmal über's andere über die Schönheitslinie hinauspurzelten.

Nach Tische ging der Vetter in die Kreuzkirche. Durch die Preußen 1760 eingeschoßen, stieg sie 1792 schöner aus der Asche. Sie bildet ein 112 Ellen langes 60 Ellen breites Viereck und ist wie die anderen Kirchen aus pirnaischem Sandstein gebaut. Ihr Inneres ist oval und einfach. Das Altarblatt stellt die Kreutzigung Christi vor, von Profeßor Schönau gemahlt.

Bei etwas trüber Luft und unter Strichregen, der uns auf einige Augenblike in einen gewöhnlichen Biergarten jagte, wandelten wir nachmittags ins linkische Bad [HP11], den beliebten Lustort der Dresdner feinen Welt. Alles hatte sich in die Gebäude und Hütten geflüchtet, und wir gewannen kaum ein schmales Tischchen für unsern Kaffee. Doch klärte es sich bald auf, und wir wandelten schaulustig im Garten unter der schönen Welt. Auch der Brandenburger trat mit dem Postmeister auf. Allein heut fehlte jenem die paßende Umgebung. Er kam uns unerträglich vor, ob er gleich zwei Sprachen sprach, eine durch die Kehle, die andre durch die Nase. Wir gaben die beiden Herren auf und sehn sie wahrscheinlich, wie der Hofadvocat in solchen Fällen sagt, im Leben nicht wieder.

Im nahgelegenen Theater sahen wir den Wunderschrank aufführen. Die besten Schauspieler der Residenz traten auf und wußten das mittelmäßige Stük so zu heben, daß wir sehr befriedigt und mit großer Achtung ihrer Talente von ihnen schieden.

Tags darauf, also den 18ten August, gingen wir in den D. Struvischen Garten. Wir vermißten hier die jungen Herren aus der salomonischen Apotheke und die erwartete Menge der Dresdener leidenden und leiderregenden schönen Welt. Die Mode unnatürliches Waßer zu trinken war vergangen. Vor zwei Jahren zählte man über 800 Trinkgäste, jetzt kamen kaum einige hundert, und von diesen sehen wir kaum den achten Theil. Herr D. Struve [HP18] that also sehr wohl, den Schauplatz seiner Waßerbrauerei nach Berlin zu verlegen. Der Garten ist recht angenehm und apothekerlich bebaut.

Das Moreau-Denkmal (um 1820)

Wir schritten ins Feld hinaus zu Moreau's Denkmal auf einer ¾ Stunde von der Stadt entfernten Höhe. Es steht unter drei jungen Eichen. Auf einem etwa 4 Fuß hohen Stein liegt ein Helm, Schwert und Kreuz von Eisenguß. Der Denkstein trägt die Innschrift: Moreau, der Held, fiel hier an der Seite Alexanders den XXVI. Aug. 1813. Wir betrachteten wehmüthig das Denkmal, lobten den Helden und erfuhren die Geschichte seines Todes aus dem Munde eines Dresdener Bürgers [HP19].

Durch die Stadt zurükgehend besahen wir das Landhaus in der pirnaischen Gaße. Es ist 60 Ellen breit und 110 Ellen tief und besteht aus einem Parterre, Entresol und zwei Stokwerken. Vor der ersten Etage ruht ein Balcon auf einer Kolonade von sechs Säulen einfacher Ordnung, in deren Friese kupferne, im Feuer vergoldete Buchstaben eingelaßen sind. Jeder kostet einen Ducaten. Sie bilden die von Ernesti sen. gefertigte Innschrift: Curia Ordd. Sax. Aug. el. P.P. fac. Curar. MDCCLXXV.

Wir enthalten uns übrigens einer näheren Beschreibung vieler anderer herrschaftlicher Gärten, Paläste pp. und bitten unsere Leserinnen, uns über den Demolirungsplatz [UB39] in einen Bäkerladen zu begleiten. Ein Doctor aut medicinum aut philosophieae lag im tiefsten Gespräch über Welthändel mit dem diken Bäkermeister. Der Doctor, eine Mittelstatur, mit dikem Kopf, fuchsrothen Haaren, großmaulig und mit gewaltiger Suade [UB40] zog uns mit aller Gewalt ins Gespräch, und wir stemmten uns mit aller Gewalt dagegen. Endlich sagte er: „Ich kenne Sie nicht, meine Herren, aber Sie kommen mir so intreßant vor, daß ich Ihnen ein wichtiges, niemandem als mir bekanntes politisches Geheimnis entdeken will." Wir alle, besonders der Blaurok, bathen, er möge es ja nicht entdeken; schwieg er, so vermehre das unsere Hochachtung für ihn; denn plaudern könne jeder u.s.w. Es half nichts, wir mußten erfahren, eine Frau aus Pirna habe 1813 dem König von Preußen das Leben gerettet, indem sie ihn vor einem feindlichen Hinterhalt warnte. Starb er, so nahmen die europäischen Angelegenheiten eine andere Wendung. Der Fuchs hatte durch seine Erzählung seinen Zwek, uns in die Welthändel zu ziehn, erreicht, allein Odyßeus vergällte ihm die Freude, weil er in allem widersprach und sogar behauptete, selbst der Tod des Königs bei Pirna würde den europäischen Angelegenheiten keine andere Wendung gegeben haben.

Hierauf besuchten wir die Ausstellung der Kunstsachen in einem Nebengebäude des brühlischen Palastes. Die Sammlung war in drei großen Sälen und Nebenzimmern aufgestellt, nach den sächsischen Schulen geordnet und enthielt 638 Stük. Unter die besten rechneten wir die H. Kunigunde, ein für die katholische Kirche in Pirna bestimmtes Altarblatt von Friedrich Rensch, Lehrer an der hiesigen Kunstacademie, einen Christus in Sepia von Amalie Schwerdgeburth, einen Christuskopf von Caroline Ehrenhaus, das Abendmahl nach Leonardo da Vinci boßirt und gegoßen von Beuther, Goldarbeiter

in Bautzen, Christi Himmelfahrt in Canevas gestikt von Fräulein Blanken-
berg, ein Kauffahrtheischiff, halbseidene Servietten aus der Fabrik Baiers
Wittwe & comp. in Zittau, Göthe's Gypsbüste von Papatschky in Leipzig.
Christus als sechsjähriger Knabe die Weltkugel segnend und der Schlangen
den Kopf zertretende in cararischem Marmor von Friedr. Pattrich, Maria Ro-
saria von Arnold, Lehrer an der hiesige Kunstacademie, die Madonna gemalt
von Guignano, gezeichnet und gestochen von Ramberg pp. Kurz wir bemerkten lobenswerthe Beweiße von Einsicht, Fleiß und Talent und sahen, daß hinsichtlich der Malerei die Alten unübertroffen sind.

Den Nachmittag brachten wir Loßier in des Herrn Bilz und seiner Gesellschaft Gegenwart sehr angenehm zu. Mit dem Herrn Candidaten befreunde-
ten wir uns bald und geriethen in unser Lieblingsthema, in die Klagelieder
über das jetzige Erziehungswesen. Er zeigte sich als ein sehr gebildeter Mann.
Die Mutter ist eine sehr liebenswürdige Frau. Ernst, sanft, gütig und verständig kann man die Mutter des von uns so hochgeschätzten Freundes in Erfurt
in ihr nicht verkennen.

Gegen Abend begaben wir uns alle drei ins linkische Bad, wo zu einem
Armbrustschießen die stattlichsten Männer und Frauen der Residenz versam-
melt waren. Man muß Landgeistlicher und zwar weimarischer seyn, um ganz
zu fühlen, wie angenehm es ist, unter feinen gebildeten Menschen sich bequem und ungenirt zu ergehn und sich mit zufällig Zusammentreffenden
wohl stundenlang zu unterhalten, ohne gefragt zu werden: „Mit wem habe
ich denn die Ehre?" pp. Dies ist in der größten Residenz der Welt, in Weimar,
die erste Frage, und nach der Antwort wird der Grad der Herablaßung abge-
meßen, die man einem Menschen aus der Provinz schuldig zu seyn glaubt.

Tags darauf begaben wir uns zum Herrn Profeßor Reichenbach, an den wir
vom Botanicer ein Empfehlungsschreiben, das die Bitte enthielt, uns das Naturaliencabinet zu zeigen, abzugeben hatten. Der Vetter wollte anfangs diesen
Weg nicht gehen. „Was seh' ich an den Steinen?", sagte er. „Potz Stern!", wie
fuhr der Blaurok auf. „Du machst dir aus den Steinen nichts? Du entehrst die
ehrwürdigen Gebeine unserer guten, alten Mutter Erde? Das ist criminel!"
Der Vetter lenkt ein wenig ein und ging mit. Wir wurden sehr höflich empfangen und hörten aus Reichenbachs Munde manches Lob über den Botanicer. Das nahm sich der Blaurok vor nachzuahmen, wenn ihm einmal ein

Empfehlungsschreiben überreicht werde. Denn außer dem, daß es gar angenehm ist, einen Mann loben zu hören, den man liebt, denkt man mit aller Bescheidenheit, der Herr kann sich leicht vorstellen, daß dich jener nicht empfohlen hätte, wenn du u.s.w.

Herr Reichenbach [HP20] stellte uns in sein Cabinet, wir betrachteten eine von ihm gemalte wunderschöne, blaue Winde und folgten ihm in den Zwinger. So nennt man ein Gebäude, das August der zweite im Jahr 1711 zum Vorhof eines neuen Residenzschloßes anlegen ließ. Es besteht aus sechs Pavillons. Durch eine Gallerie verbunden umgeben sie einen ansehnlichen Raum, der mit Springbrunnen und wohlgehaltenen Orangerien besetzt ist und einen angenehmen Spaziergang bildet. Ein Theil des Gebäudes ist auf der Stadtmauer angelegt und mit einem Graben umgeben. Unter dem Pavillon gegen Abend führt eine Doppeltreppe auf den Wall, wo man unter schattigen Alleen lustwandeln und sich umsehn kann. In den Pavillons und Gallerien befinden sich das Naturaliencabinet, der Tempel Salomonis, die Kunstkammer, der mathematische Saal und das Kupferstichcabinet.

Das Naturaliencabinet, welches uns der Herr Profeßor aufschloß, enthielt erstlich die Mineralien. In sauberen Kästen, nach Werners System wohlgeordnet, lagen sie vor uns, die stummen, blinden, festen Maßen, und entzükten durch Bau, Farbe und wunderbare Zeichnungen selbst den Cathecheten. Auch sahen wir hier viele Edelsteine, gediegene Platina, Silber und Gold. Im Cabinet der Versteinerungen bewunderten wir die 1752 bei Chemniz ausgegrabene Eiche und einen Blitzstrahl. Ein solcher war nehmlich in den Sand gefahren und verglast. Sorgsam ausgegraben und hier aufbewahrt, nahm er sich wie ein langer, schmaler Faden aus, der zuletzt in Form eines Kreuzes endigt. Ein mir ungesehnes und unerhörtes Stük. Im ehemaligen Vegetabiliensaal standen mehrere Büsten von Marmor und vier koloßale Sinesen von Zypreßenholz. Ein hier befindlicher Tisch aus Tamarindenholz verdient wegen seines runden, 2¾ Ellen im Durchmesser haltenden Blattes besondere Aufmerksamkeit.

Im anatomischen Cabinet sahen wir ein Wachs boußirtes, 1750 zu Eisenach geborenes, ungeheuer großes und dikes Kind und hatten den schreklichen Anblik eines Weichselzopfes [UB41]. Fünf Ellen und drei Zoll lang, oben etwa 1¾ Fuß breit und einige Zoll dik, spitzte er sich wie ein Thurm zu, schwarz, wie Pferdehaar in Theer und Koth gewirrt, sehr schwer! So ein Zopf am Haupte, meine Damen?

Das erste Animaliencabinet enthält in den Glasschränken zu beiden Seiten kleine Thiere, die größeren stehn in der Mitte des Saales frei. Wer in Paris war, wird hier wenig befriedigt. Doch zeichnet sich August des 2 Pferd aus. Sein Schweif mißt über 12, die Mähne über 7 Ellen. In langen Zöpfen geflochten umgeben sie den ganzen Leib des Thieres.

Das zweite Animaliencabinet enthält Vögel, Amphibien und Fische, unter anderem den Strauß, Casuar, Flamingo, das Crocodil und die Riesenschlange. In den Glasschränken werden viele Eier, Nester, Schildkröten, Corallen und anderes See- und Sumpfgewürk aufbewahrt. Einige Schränke standen ganz leer, andere zur Hälfte ausgeräumt. Warum? Im Jahre 1813 lagerten im Zwinger die Kosaken, brachen hier ein, die Schränke auf, fraßen die Fische, Frösche, Kröten, Molche, Salamander und Drachen und tranken die Gläser mit Weingeist aus. Im Crochiliencabinet fanden wir schöne Muscheln und Schneken, z. B. die Wendeltreppe, welche 880 Thaler kostet, eine beträchtliche Anzahl von Kegelschneken, Admirale genannt, Perlen und dergl. mehr.

Hier entließ uns der gefällige Herr Reichenbach, und ein dienstbarer Geist zeigte uns im mittleren Pavillon das Modell vom Tempel Salomonis [UB42] und der Stiftshütte. Das erste Kunstwerk enthält 6.706 Säulen und beinah eben so viele Fenster und ist aus den Hölzern zusammengesetzt, die zu dem Original gebracht wurden. In der Stiftshütte entdekt man alle beim mosoaischen Gottesdienst üblichen Geräthe und Personen [UB43]. Beide, uns Theologen besonders intreßante Stüke, gaben einen anschaulichen Begriff vom unbeschreiblichen Ängstlich-abgemeßenen und Ceremoniösen des mosaischen Gottesdienstes. Außerdem zeigte man uns noch verschiedene in den Synagogen gebräuchliche Geräthe, Thora's, Meßner und dergl.

Die noch übrigen Stunden des Vormittags widmeten wir der Bildergallerie, um uns für das unbesichtigt gebliebene Kupferstichcabinet zu entschädigen. Wir suchten unsere Lieblingsgemälde auf, drükten sie so tief als möglich in die Seele und schieden mit den dankbarsten Gefühlen aus diesem Heiligthum. Es gewährte uns in Dresden den höchsten und vollständigsten Genuß.

Nach Tische wurden die Ränzel geschnürt, Noak, der Lohndiener, an dem uns nur der Name gefiel, abgeschikt, uns den Besuch des Antikencabinets vorzubereiten. Er brachte uns die erwünschte Nachricht, wir würden den Herrn Antikeninspector um zwei Uhr im japanischen Pallast finden. Wir säumten nicht uns einzustellen. Eine zahlreiche Gesellschaft versammelte sich, und der Herr Inspector erschien. Ein höchst sauber und aufs Eleganteste gekleidetes Herrchen, das man nicht ansehn konnte, ohne einen schreienden Contrast zwischen ihm und dem Blaurok wahrzunehmen, der sich bereits in sein Reisekleid geworfen, und, wie er schmeichelte, den Antiken mehr als der Herr Inspector glich. Dieser führte uns in den Ehrsaal, nöthigte uns das sehr zwekmäßige Local und seinen wohlgeordneten, zierlichen, geistreichen Vortrag zu bewundern und zeigte uns dann vom hintersten Saale an die nach Rom, Paris und Florenz reichhaltigste Sammlung der Alterthümer.

Der hinterste Saal enthält auf den Tod bezügliche Gegenstände, ein römisches Columbarium mit einer Menge Urnen, vier Mumien, Sarkophagen, ägyptischen Löwen und viele schätzbare Überreste von Mosaicen und der Malerei der Alten. Im neunten Saal stehn die vorzüglichsten Stüke des Cabinets, die sogenannte Agrippina, die schönste Venus nach der Medicäerin, ein colloßaler Alexander und andere merkwürdige Statuen. Das achte Zimmer enthält Statuen verschiedener Personen, z. B. der H. Petrus, der Zenobia, des Euripides, Alexanders u.s.w. Die übrigen Statuen beziehen sich auf die Götterlehre, römische Geschichte und Alterthümer und geben die deutlichsten Begriffe von der altromanischen Tracht. Den größten Theil des siebenten Saales nehmen Gegenstände aus der Mythologie und römischen Kaisergeschichte ein. Im sechsten Saal befinden sich die berühmten aus Herculanum und Pompeji ausgegrabenen Statuen, und der fünfte Saal umfaßt außer verschiedenen Vasen viele Stüke aus der Mythologie und der altrömischen Kaisergeschichte. Im vierten und dritten Saal sahen wir Götter, Helden, Gelehrte, Kaiser und Könige verschiedener Länder der alten Welt und dergleichen Gegenstände; im zweiten nur wenige Antiken und im ersten viele gute, Antiken nachgebildeten Statuen und im antiken Stil gearbeitete Stüke, Büsten z.B. König Adolphs u.s.w. Sehenswerth und bewunderungswürdig war alles, schlecht ergänzt manches, auch an verunglükten antikmodernisirten Stüken fehlte es nicht. Aber der Genuß wäre unstreitig vollständiger gewesen, hätten wir länger hier verweilt und der Herr Inspector mehr Geschmak als Gelehrsamkeit gezeigt. Der Vetter wollte über die gelehrten Excurse, die jener anstellte, einmal übers andere fortlaufen. Der Hofadvocat schüttelte sein juristisches Haupt, und der Blaurok, der gerade vor den wunderschönen Grazien stand, als der Herr Inspector eine delicate Phrase zerriß, klagte ihnen sein Leid und sprach: „Ich begreife nicht, wie man euch tagtäglich anschauen kann, ohne einfach reden zu lernen wie die Kinder und tiefsinnig wie die Weisen!"

Die Abschiedsstunde schlug. Wir schnallten die Ranzen auf und zogen ab, willens noch heute bis Meißen zu Fuße zu gehn. Allein das Glük suchte uns auf. Beim Georgenthor fragte ein Kutscher, ob wir über Meißen nach Leipzig fahren wollten. Das kam uns wie gerufen. Wir wurden Handels einig. Er lenkte um, wir stiegen ein, und die herrliche Residenzstadt entschwand bald unsern Bliken. Der Pfarrer überlegte still, wie viel er hier gehört und gesehn und wie viel er seinen Begleitern verdanke, von denen der eine Witze und Laune nicht gespart, uns auch die magersten Stunden zu erheitern, der andere besonders in der Gemäldegallerie so viel Kunstsinn und Urtheil bewiesen, daß ihm sein Vetter gerechten Beifall nicht versagen konnte. „Gebt mir ein Wort für mein Gefühl", sagte der Pfarrer, „ich scheide von Dresden befriedigt und nicht übersatt, blieb' gern noch länger auf der Reise und geh auch gern nach Hause! O, es giebt noch viele Dinge in der Welt, die noch keinen Namen haben!"

So rasch auch der Kutscher die Pferde antrieb, er führe für sein Leben gern Studenten, sagte er, so war es doch schon 10 Uhr als wir im Gasthof zur Sonne in Meißen ankamen. Ein guter Thee und die ihm folgende Nachtruhe schmekten vortrefflich. Den zwanzigsten August früh bestiegen wir den nahen Schloßberg und beschauten den Dom, ein altes, ehrwürdiges Gebäude. Das Innere ist mit viel Geschmak erneuert. Eine an die Kirche angebaute Capelle enthält die Grabmahle der Churfürsten. Das Altarbild ist von Lucas Cranach, eine Creutzigung Christi. Unter den am Kreutz kieenenden erkennt man auch D. Martin Luthern. Das Gemälde im Hauptchor ist von Albrecht Dürer, wie man sagte, unter die besten dieses Meisters kann man es wohl nicht rechnen. Von der Sacristei aus hatten wir eine liebliche Aussicht ins Elbthal, eine umfaßendere auf der hohen Thurmspitze. Die Elbe, Elbufer, Wälder, Weinberge, Wiesen, Fruchtfelder lagen frisch und morgentlich schön vor uns ausgebreitet. Im Hintergrund bemerkten wir die Thürme der Residenz.

In der nahegelegenen Porzellanfabrik gab es viele gute, kostbare und theure Arbeiten zu sehn, Vasen, Teller, Kaffee- und Theeserviese wie aus frischem, glänzendem Schnee geformt. Die Gemälde größtentheils vortrefflich. Ein Kunstwerk aus blendend weißem Porzellan stellte die Kreutzigung dar, es enthielt einige hundert Personen. Es war das letzte Exemplar von zwölfen, deren jedes 20.000 rl. gekostet hat. Das erste Exemplar empfing Se. Heiligkeit in Rom.

Wir gingen zurük, setzten uns in den Wagen, ein Kaufmann aus Norwegen nahm den vierten Platz ein. Wir fuhren noch einige Stunden in angenehmer Gegend, dann hoben die Flächen an. Der neue Gefährte war ein wakerer Mann, vielgereist, schwieg bei Dingen, die er nicht verstand, und sprach über Dinge, die er verstand und gesehn, sehr unterhaltend und gescheid. Ich kann solche Menschen sehr wohl leiden. Hauschild, so nannten wir beliebigerweise unsern Kutscher, weil er sich überall erkundigte, ob der alte Hauschild noch lebe, machte uns vielen Spaß wegen seines guten Appetits und der zarten Sorgfalt, die er um seines Leibes Nahrung und Nothdurft trug. Der Kaufmann erzählte viel von Dänemark, Norwegen und Schweden, lobte den Liebling des Pastors, den König der beiden leztgenannten Länder. Bei uns trat bisweilen ein Paroxismus [UB44] der vorigen Laune ein, die sich freilich im Wagen nicht recht auslaßen konnte. So kamen wir über Oschaz und Kohren nach Wurzen und tags drauf bei Regen und Nebel nach Leipzig. Im Gasthof speisten wir mit verschiedenen Studenten und Profeßoren. Jene sprachen von Reiten, Fahren und schönen Mädchen, und diese zankten sich über den Ort in der Welt, wo man am besten eße und trinke. Auch wollte jeder dieser Herren Gutschmeker beßer und theurer gegeßen haben als der andere. Da hörte man doch einmal ein Wort über die wahre Philosophie des Lebens!

Nach Tisch ging Schreiber dieses aus, ein grohisches Geschäft mit dem Buchhändler Brokhaus [HP21] zu besorgen, aber der Mann war nach Mitternacht gestorben. De mortuis nihil nisi bene, heißt es, aber unter uns gesprochen, ich habe ihn nur einmal gesehn, und der Mann hat mir vom Kopf bis zu den Zehen misfallen. Wer außer seiner Buchhändler-Thätigkeit etwas über ihn zu loben weiß, trete auf.

Mitten im Regen promenirte ich in der schönen Lindenstadt und sah den Studenten, die im elegantesten Putz unter seidenen Regenschirmen ins Collegium gingen, verwunderungsvoll nach. So sah der Blaurok in Jena nicht aus, wenn er im graublaulichen kurzen Rok, baarhäuptig, in grünen Pantoffeln sich ins Collegium schob, so der Catechet nicht, wenn er im altdeutschen Rok mit langem weißem Kragen, baarhäuptig, in zweierlei Strümpfen einherschlenderte, so der Hofadvocat nicht, wenn er, unter uns der stattlichste, im grünen Zeugrok durch die Straßen wandelte, so Groh nicht, wenn er im grünen Überrok mit der berühmten schwarzen Trodelmütze in die spezielle Therapie schritt, so Koch nicht, wenn er im alten abgelebten Chirurgenrok, Lützow's Mütze auf dem Feuerkopfe durch die Straßen flog. Was sind das für Leute, von denen doch die nahe Geistes- und Blutsverwandschaft verbietet mir zu sagen, daß es Leute sind, von denen Deutschland u.s.w. u.s.w.

Als ich in das Gasthaus Stadt Berlin zurükkehrte, fand ich die Freunde mich erwartend. Wir drängten uns alle drei in einen Einspänner und fuhren über Lützen, wo ich zum erstenmal Gustav Adolphs Denkmal sah, über Weißenfels nach Naumburg. Nachts um 11 Uhr gelangten wir hier an, kehrten in einem Gasthof vor der Stadt ein, brachten tags drauf den Hofadvocaten zum Regierungs- oder Landgerichtsreferentarius Schwabe und gingen zum Herrn Conrector Müller, meines Vetters Schwager.

Die Conrectorin saß, das jüngste Kind säugend, von den anderen umgeben, auf dem Kanapee. Wir lieben sie beide enthusiastisch. Als einer wahrhaft schwesterlichen Freundin haben wir ihr von jeher Freud und Leid mitgetheilt, bei ihr Rath und Trost gesucht, und ihre Frömmigkeit, ihre Demuth, ihr anspruchsloses Wesen und die sich immer gleichbleibende Heiterkeit bewundert, wodurch sie sich wie andern das Leben zur Lust und Freude zu machen weiß. Es ist höchst anziehend sie unter ihren Kindern zu sehn. Mit liebevoller Zärtlichkeit sorgt sie für alle und lebt und webt ganz in ihnen. Es sind aber auch herrliche Kinder, besonders ergötze ich mich immer an meinem Namensbruder, dem Fritz, und der munteren Auguste. Jener ist an Gesicht und Wesen dem unvergeßlichen Grosvater sehr ähnlich. Treuherzig, wohlmeinend und sanft wie er ist, kömmt er mir immer vor wie die alte deutsche Redlichkeit. Der Knabe ist mir tief ins Herz gewachsen. Die Auguste ist ein munteres, behendes Geschöpf voller Einfälle und Lebenslust und gehört zu den

Mädchen, von denen man sagen möchte, die kann einst unseren Jungen gefährlich werden.

Der Herr Conrector, in welchem der Schreiber dieses seinen ehemaligen Lehrer verehrt, kam und wir verlebten zusammen einige fröhliche Stunden. Dann besuchten wir einige Bekannte und bestellten uns zu einem Spaziergang nach Klein-Altenburg. Hier lustwandelten wir auf den Bergen herum, ergötzten uns am fröhlichen Spiel der Kinder, plauderten in einer Laube mit Schwabe, Reichardt, Schober, alte Commilitonen, über die vergangenen Zeiten und gingen Abends spät zurük. Es war ein schöner Abend, eine stille Ruhe über jede Seele ausgegoßen. Johanna trug den Kleinsten, die Magd den Ernst, mein Vetter und ich abwechselnd die Auguste. Die beiden ältesten Kinder hatten sich angefaßt und unterhielten sich langsam hintennach wandelnd über den Mond und ob wohl der selige Grosvater oben sey oder nicht. Dem Fritz kam es sehr wahrscheinlich vor, Therese glaubte es nicht; doch meinten sie beide, im Himmel sey er gewiß.

In der Stadt trennten wir uns. Das schlafende Kind auf dem Arm drükte ich dem Hofadvocaten das Kind und mich ans Herz und wir schieden. Tags darauf sezten wir Vettern uns in einen Miethwagen und fuhren heimwärts. Wir waren alle still und einsilbig und empfanden es recht lebhaft, wie viel uns der elde Ritter gewesen war. Es fiel keinem von uns ein, nach der entführten Tochter zu schrein, mit Leuten zu kosen und viel Lärm um nichts zu machen. Nachmittags erreichten wir Weimar und gingen zu Fuß nach Zimmern. Um vier Uhr traten wir ein. „Gut, daß du kömmst", sagte die Mutter, „morgen hat der Schullehrer Kindtaufe!"

Register historischer Personen

Die mit (♦) gekennzeichneten Personen sind den drei Wanderern tatsächlich begegnet.

[HP1]   Lützow, Ludwig Adolf Wilhelm von (* 18. Mai 1782 in Berlin; † 6. Dezember 1834 ebenda) war ein preußischer Generalmajor. Er gründete das Lützowsche Freikorps, einen Freiwilligenverband der preußischen Armee in den Befreiungskriegen. Obwohl das Freikorps im Krieg gegen Napoleon eher glücklos war, entwickelte es aufgrund seiner Zusammensetzung aus Freiwilligen fast aller deutschen Staaten eine hohe Symbolkraft für die Bestrebungen zur Errichtung eines deutschen Nationalstaates. Als Selbstversorger und -ausstatter erhielten die Soldaten keinen Sold und rüsteten sich selbst aus. Insgesamt dominierten unter den Freiwilligen die Handwerker, lediglich bei den Jägern gab es einen überdurchschnittlichen Studentenanteil. Die Uniformfarben des Freikorps wurden legendär. Nach dem Krieg trugen manche seiner überlebenden Mitglieder diese Uniform weiter, als sie ihr Studium an der Universität Jena fortsetzten. Sie gründeten 1815 in dieser Uniform auch die neuartige, weil gesamtdeutsch ausgerichtete Urburschenschaft. So wurden die Farben Schwarz-Rot und ab 1815 Schwarz-Rot-Gold die Farben der Burschenschaftsbewegung. Sie verbreiteten sich von Universität zu Universität als Zeichen des Einheits- und Freiheitswunsches. Veteranen des Freikorps Namen daher 1817 auch am Wartburgfest teil. [https://de.wikipedia.org/wiki/Lützowsches_Freikorps

[HP2]   Schuderhoff, Jonathan - Quelle: Jenaische Allgemeine Literatur Zeitung, 22. Jahrgang Band 1 Maerz Nummer 45 „Über den damaligen Zustand der deutschen Freymaurerey und des deutschen Logenwesens": vier Vorlesungen/von Jonathan Schuderhoff - Ronneburg: lit. Compt., 1824

[HP3]   Herzogin von Kurland - Dorothea von Kurland, geboren als Gräfin Anna Charlotte Dorothea von Medem (* 3. Februar 1761 in Mesothen; † 20. August 1821 in Löbichau) war Herzogin, Diplomatin und Salonière. Durch die Einladung von Dichtern, Philosophen, Verwandten und Freunden wurde Löbichau bald als Musenhof der Herzogin von Kurland bezeichnet. Auch ihre ältere Stiefschwester Elisa von der Recke hielt sich mit Christoph August Tiedge mehrmals in Löbichau auf. Zar Alexander I. von Russland, Friedrich Wilhelm III., Napoleon I., Talleyrand, Metternich, Goethe, Schiller und andere Persönlichkeiten der Zeit kannte die Herzogin persönlich. https://de.wikipedia.org/wiki/Dorothea_von_Kurland

[HP4]   Kunz von Kauffungen, auch Kunz von Kaufungen, eigentlich Konrad von Kaufungen, (um 1410 auf Gut Kaufungen geboren, heute Teil der Stadt Limbach-Oberfrohna; hingerichtet 14. Juli 1455 in Freiberg) war ein sächsischer Adliger. Er ging in die sächsische Geschichte als Initiator des Altenburger Prinzenraubes ein. https://de.wikipedia.org/wiki/Kunz_von_Kauffungen

[HP5] ♦ Thamerus – offenbar ist hier Christoph Friedrich Hieronymus Thamerus gemeint, Pfarrer in Glauchau (* 2. Juli 1752 in Roben; † 5. März 1828 in Glauchau)
https://gedbas.genealogy.net/person/descendants/1127778290

[HP6]   Werner, Abraham Gottlob (* 25. September 1749 in Wehrau; † 30. Juni 1817 in Dresden) war ein deutscher Geologe und Mineraloge. Er gilt als der Begründer der Geognosie, dem bis zum Beginn des 19. Jahrhunderts verwendeten Begriff für die Lehre von der Struktur und dem Bau der festen Erdkruste. Im Jahr 1775 wurde er als Inspektor und Lehrer der Mineralogie an die Bergakademie in Freiberg berufen, wo er bis zu seinem Tod blieb. Werner zog Studenten aus ganz Europa und sogar aus Amerika an. Unter Werners Schülern finden sich berühmte Namen wie Alexander von Humboldt. https://de.wikipedia.org/wiki/Abraham_Gottlob_Werner

[HP7] ♦ Tappe, Diedrich August Wilhelm, Dr. theol. und phil. Kaiserlich Russischer Rat, später Professor zu Tharand, geboren 1778 (?) zu Markoldendorf, gestorben am 3. April 1830 zu Tharand. Er verheiratete sich 1807 mit Henriette Katharina von Dannenberg. http://Wikipedia-de.genealogy.net/Tappensches_Familienbuch_(1889)/219

[HP8]   Hoppnin - gemeint ist mit hoher Wahrscheinlichkeit Nikolai Grigor-
        jewitsch Repnin-Wolkonski. Als Generalmajor wurde er im Oktober
        1813 nach der Völkerschlacht bei Leipzig Generalgouverneur in
        Sachsen (Vizekönig). In diesem Zeitraum bemühte er sich um die
        Stabilisierung und den Wiederaufbau in Sachsen. Daneben enga-
        gierte er sich für die Dresdner Kunst und Kultur mit dem Ziel, Dres-
        den zum „Mittelpunkt deutscher Kunst" zu machen. So gab er unter
        anderem die Freitreppe zur Brühlschen Terrasse in Auftrag und auf
        seinen Befehl hin wurde der Große Garten für die Öffentlichkeit zu-
        gänglich.
        https://de.wikipedia.org/wiki/Nikolai_Grigorjewitsch_Repnin-
        Wolkonski

[HP9]   August III. – auch Friedrich August II. (* 17. Oktober 1696 in Dres-
        den; † 5. Oktober 1763 ebenda) wurde 1733 nach dem Tod seines Va-
        ters August des Starken Kurfürst von Sachsen und als August III.
        auch König von Polen und Großherzog von Litauen. In Fortführung
        der väterlichen Außenpolitik führte er den Kurstaat Sachsen in den
        verheerenden Siebenjährigen Krieg. Die Personalunion Sachsen-Po-
        len endete mit seinem Tod. Unbestritten ist sein Rang als einer der
        größten Kunstmäzene seiner Zeit.
        https://de.wikipedia.org/wiki/August_III._(Polen)

[HP10] Modena, Herzog Francesco III. von M.- Namensgeber der mondane-
        sischen Gallerie. Sie beherbergt Werke seiner Sammlung. Unter den
        sächsischen Kurfürsten, August dem Starken und seinem Sohn,
        Friedrich August II., begann in der ersten Hälfte des 18. Jahrhunderts
        eine systematische Sammeltätigkeit. Nachdem sie insbesondere
        durch den Ankauf der 100 besten Werke aus der hervorragenden
        Sammlung des Herzogs von Modena im Jahr 1746 rasch angewach-
        sen war, zog die Sammlung 1747 zunächst in das zur Gemäldegalerie
        umgebaute Stallgebäude am Neumarkt ein.
        https://de.wikipedia.org/wiki/Gemäldegalerie_Alte_Meister

[HP11] Lincke, Carl Christian – (* 1728; † 1799) Das nach ihm benannte
        Linckesche Bad war eine Ausflugsgaststätte mit Gartenwirtschaft,
        Sommertheater und Konzertsaal in Dresden und eines der ersten

Freiluftbäder. Das Dresdner Hoftheater und bekannte Künstler wie Joseph Seconda, die Komponisten Christian Gottlob Neefe und Carl Maria von Weber sowie der Architekt Bernhard Hempel wirkten dort. Franz Grillparzer beschrieb das Theater bei einem Besuch 1826 und E. T. A. Hoffmann nutzte den Handlungsort für sein Stück „Der goldne Topf". Das Grundstück befindet sich heute etwa zwischen dem Diakonissenkrankenhaus und dem Haus Bautzener Straße 82 im Stadtteil Radeberger Vorstadt, weist allerdings nur Ruinen auf. https://de.wikipedia.org/wiki/Lincke'sches_Bad

[HP12] Reinhard, Franz Volkmar (* 12. März 1753 in Vohenstrauß, Herzogtum Pfalz-Sulzbach; † 6. September 1812 in Dresden) war ein evangelischer Theologe. Reinhard ist ein früher Vertreter des theologischen Supranaturalismus. Im Jahr 1792 folgte Reinhard einem Ruf nach Dresden und wurde dort Oberhofprediger. Dort starb er 1812 und wurde in der Rathsgruft auf dem Johanniskirchhof beigesetzt. https://de.wikipedia.org/wiki/Franz_Volkmar_Reinhard

[HP13] Mengs, Anton Raffael (1728-1779) - Den ältesten und vielleicht wertvollsten Kern der Abgüsse bilden die Überreste der Sammlung Mengs. Der sächsische, später spanische Hofmaler hatte in seinem römischen Atelier eine der damals meistbeachteten Abgußsammlungen zusammengetragen. Nach dem Tod von Mengs wurde 1783 der Nachlass durch die Erben nach Sachsen verkauft. Der Bestand war so beachtlich, dass man 1794 im alten Marstall das "Königlich Sächsische Mengsische Museum " einrichtete. http://www.muscanum.net/abgus.htm

[HP14] ♦Weber, Carl Maria Friedrich Ernst von - deutscher Komponist, Dirigent und Pianist (* 18. oder 19. November 1786 in Eutin, Hochstift Lübeck; † 5. Juni 1826 in London). Seine populärste Oper ist „Der Freischütz", deren Schicksalsdrama dem damaligen Zeitgeist mit seinen Neigungen zu übersinnlichen Stoffen entsprach.

[HP15] Blaurok (Friedrich Christian Lossius) war offenbar 1815 als Soldat mit den Lützowschen Jägern in Paris, weil in der Nähe von Paris 1814 und 1815 Entscheidungsschlachten gegen Napoleon stattfanden. https://de.wikipedia.org/wiki/Lützowsches_Freikorps

[HP16] Winckelmann, Johann Joachim (* 9. Dezember 1717 in Stendal; † 8. Juni 1768 bei Triest) war ein deutscher Archäologe, Bibliothekar, Antiquar und Kunstschriftsteller der Aufklärung. Er gilt als der Begründer der wissenschaftlichen Archäologie und der Kunstgeschichte. König August III. von Polen wurde sein Gönner; er erkannte die bahnbrechenden Ideen Winckelmanns und unterstützte ihn finanziell.
https://de.wikipedia.org/wiki/Johann_Joachim_Winckelmann

[HP17] ♦Ammon, Christoph Friedrich (* 16. Januar 1766 in Bayreuth; † 21. Mai 1850 in Dresden) war ein deutscher protestantischer Theologe und wichtiger Vertreter des rationalistischen Supranaturalismus. Er wurde 1824 geadelt.
https://de.wikipedia.org/wiki/Christoph_Ammon

[HP18] Struve, Friedrich Adolph August (* 9. Mai 1781 in Neustadt in Sachsen; † 29. September 1840 in Berlin) war ein deutscher Arzt und Apotheker. Aufgrund einer Vergiftungserkrankung, die er sich bei Selbstversuchen zugezogen hatte, beschäftigte er sich mit der Herstellung von künstlichem Mineralwasser. Nach mehreren Aufenthalten in Karlsbad und Marienbad eröffnete er 1821 in der Dresdner Seevorstadt die erste Trinkkuranstalt. In Berlin, Köln, Leipzig, Kiew, Königsberg, Moskau, Sankt Petersburg und Warschau sowie im englischen Seebad Brighton entstanden bald weitere Filialen. Für seine Verdienste wurde er 1823 vom sächsischen König zum Ritter des Königlich-Sächsischen Civilordens ernannt.
https://de.wikipedia.org/wiki/Friedrich_Adolph_August_Struve

[HP19] Moreau, Jean-Victor-Marie (* 14. Februar 1763 in Morlaix, Finistère; † 2. September 1813 in Laun, Böhmen) war ein französischer General zur Zeit der Revolution und des Konsulats und ein Gegner und Rivale Napoleon Bonapartes. Als er während der Schlacht von Dresden am 27. August auf der Räcknitzhöhe mit dem Zaren sprach, zerschmetterte ihm eine Kanonenkugel beide Beine. Nach notdürftiger Verarztung wurde er nach Böhmen verbracht, wo er 50jährig starb.
https://de.wikipedia.org/wiki/Jean-Victor_Moreau

[HP20] ♦Reichenbach, Heinrich Gottlieb Ludwig (* 8. Januar 1793 in Leipzig; † 17. März 1879 in Dresden) war ein deutscher Naturwissenschaftler, Zoologe und Botaniker. Er machte sich sowohl um die Flora als auch die Fauna Deutschlands verdient. Er strebte ein natürliches System der Arten an. Im Jahr 1826 gründete er die Sächsische Gesellschaft für Botanik und Gartenbau „Flora" zu Dresden, in der er bis 1843 als Vorstand fungierte.
https://de.wikipedia.org/wiki/Ludwig_Reichenbach

[HP21] ♦Brockhaus, Friedrich Arnold (* 4. Mai 1772 in Dortmund; † 20. August 1823 in Leipzig) war Verleger, Gründer des Verlagshauses „F. A. Brockhaus" und Herausgeber des noch zu seinen Lebzeiten in mehrfachen Auflagen und zahlreichen Neudrucken erschienenen Conversations-Lexicons, der späteren Brockhaus Enzyklopädie. Er ist also tatsächlich in der Nacht vor der Ankunft der drei Wanderburschen gestorben!
https://de.wikipedia.org/wiki/Friedrich_Arnold_Brockhaus

[HP22] ♦Lossius, Kaspar Friedrich (* 31. Januar 1753; † am 26. März 1817) ist ein Enkel des von böhmischen Hussiten abstammenden Andreas Lossius († 1738), jüngster Sohn Christian Theodor Lossius' († 1761) – beide Diakonen an der Barfüßerkirche zu Erfurt. Früh verwaist, von der Mutter in beschränkten Verhältnissen erzogen, besuchte er seit 1761 die Barfüßer Parochialschule, 1766 das evangelische Rathsgymnasium, studierte seit 1770 in Erfurt unter Wieland, seinem Vetter Johann Christian Lossius, Grant, Froriep und Schellenberg, dann 1773/74 in Jena unter Danovius, Faber, Hellbaucr, welche in ihm erst Liebe zur Theologie weckten. Er wurde 1774 zuerst Lehrer an der Erfurter Barfüßerschule, 1779 an der Predigerschule unter Weingärtner und bildete sich durch Predigen und Vereinsübungen unter Pastor Christian Gotthilf Salzmanns Leitung für den geistlichen Beruf weiter aus. Nach Salzmanns Berufung an das Dessauer Philanthropin 1781 erhielt er das Diakonat an der Andreaskirche, 1785 das an der Predigerkirche, ein Jahr nach seiner Verheirathung mit Rosalie, der Tochter des Rathsmeisters Welz und einer Schwester des Gothaer Buchhändlers Perthes, der ihm später zuredete, sein zunächst für die

Einführung seiner Kinder in den Religionsunterricht aufgeschriebenes Buch „Gumal und Lina" (1795 bis 1800) drucken zu lassen, nachdem L. schon 1793 eine Bearbeitung des lutherischen Katechismus „Für die Katechumenen" veröffentlicht und im Auftrage des Raths mit Pastor Gebhard ein neues Gesangbuch für das Fürstenthum Erfurt (gedruckt 1796) bearbeitet hatte. Ebenso wie „Gumal und Lina", gefielen seine „Sittengemälde aus dem gemeinen Leben" und „Dramatische Sprichwörter zur angenehmen und nützlichen Unterhaltung für die erwachsenere Jugend". Geringere Verbreitung, wenn auch beifällige Anerkennung der Recensenten, fand seine in den Rahmen einer Biographie des Humanisten „Helius Eoban Hesse" 1797 eingefaßte „Erfurtische Kirchengeschichte in der Zeit der Reformation" (1797), zu welcher er als Verwalter der Bibliothek des evangelischen Ministeriums die Materialien durch fleißiges Studium neuerer lateinischer Dichter und anderer großer Schriftsteller jener Zeit gesammelt hatte. Sein Buch über Hesse verschaffte ihm die Ernennung zum Mitglied der Erfurter Akademie gemeinnütziger Wissenschaften, in der er 1798, 1801 und 1802 Vorträge hielt. Einen Ruf als Dichter erwarb ihm das Volkslied auf den allgemein geliebten Coadjutor Dalberg bei der Feier des Fronleichnamsfestes 1802, kurz vor dem Ende der Mainzer Herrschaft, wofür er von dem neuen Erzkanzler ein Faß echten Firneweins zugesandt erhielt. Die Ostermesse 1804 brachte die Einleitung zu der schon 1800 angekündigten „Moralischen Bilderbibel mit 59 Kupfern nach Schubert'schen Zeichnungen und mit Erklärungen von K. F. L." (1.–5. Bd. 1805–12), welche „allen Eltern das Geschäft der Selbsterziehung ihrer Kinder erleichtern und angenehm machen sollte"; außer der biblischen Geschichte enthalten fünf Hefte die griechische, vier die römische, der fünfte Band die jüdische Geschichte. Sein Ruf und die treffliche bildliche Ausstattung sicherten dem Buche eine weite Verbreitung und brachten auch dem Verfasser erfreuliche Einnahmen... Der October 1806 brachte preußische Einquartierung, trübe Ahnungen bei ihrem Abzuge am 10. und bald die französischen Dränger, welche sofort die Predigerkirche in Beschlag nahmen und bis 1808 arg verwüsteten. 1808 wirkte er für Herstellung der Kirche, wozu er „Heilsame Erinnerungen an die Jahre 1806–8", 1. u. 2. Thl., drucken ließ; er mußte

während des Congresses französische Schauspieler beherbergen. 1809 wurde er in die frühere Almosen- und Schulcommission gewählt, 1810 trat er als Oberschulrath in die Oberschuldirection, erlitt aber bald nachher durch einen Sturz aus dem Wagen eine schwere Beschädigung an Brust und Auge, der ein Unterleibsleiden wieder erweckte und zurückließ. Auf des Präsidenten von Resch Bitten übernahm er die Direction einer höheren Töchterschule, gerieth jedoch dabei sammt seinem Lehrer Suppeck in eine ungerechte Untersuchung wegen Urheberschaft eines Pasquills (Schmähschrift). Er theilte die Leiden der Belagerung seit dem 25. October 1813, floh während des Bombardements vom 6. November in die Kirche und freute sich der endlichen Erlösung am 6. Januar 1814. Die Fortsetzung seines Werkes als „Historischer Bildersaal" übernahm Chr. Ferd. Schulze. L. gab „Kurze Religionssätze und Denksprüche zum Auswendiglernen", Gotha 1815, und „Moralische Erzählungen für die Jugend", 1816, heraus. Anfang 1815 sah er schon seinem Tod mit Ruhe entgegen; er versah unter schweren Leiden seine Aemter bis Himmelfahrt 1816; am 26. März 1817 starb er mit den Worten: „Dort sehen wir uns wieder". – Sein Leben hat aus seinem ausführlichen, seit 1778 begonnenen handschriftlichen Tagebuche der Gatte seiner ältesten Tochter, M. Hieron Müller, Conrector an der Domschule zu Naumburg, 1819 herausgegeben. Sein einziger Sohn, Karl L., starb 1880 als Pfarrer in Gispersleben-Kiliani. Quelle: Artikel „Lossius, Kaspar Friedrich" von J. Chr. Herm. Weißenborn (leicht gekürzt). in: Allgemeine Deutsche Biographie, herausgegeben von der Historischen Kommission bei der Bayerischen Akademie der Wissenschaften, Band 19 (1884), S. 219–220,
Digitale Volltext-Ausgabe in Wikisource.
http://de.wikisource.org/w/index.php?title=ADB:Lossius,_Kaspar_Friedrich&oldid=1706568
(Version vom 3. Dezember 2011, 15:45 Uhr UTC)

Ortsregister

[OR1]   Falltor - Zugang zum Dorf; die Umzäunungen waren mit Toren, besonders mit Falltoren versehen, die über die Fahrwege gingen und bei Verlassen des Dorfes von selbst zufielen. Die Erklärung ist im Rathaus von Niederzimmern nachzulesen.

[OR2]   Niederzimmern - früher auch „Zimmern Infra" oder „Infra" genannt.

[OR3]   Reußische Dörfer - Das Haus Reuß ist ein bis 1918 regierendes Herrschergeschlecht, das auf die Vögte von Weida bzw. deren Abzweig, die Vögte von Plauen, zurückgeht. Die verschiedenen Vogtslinien übten ursprünglich das Ministerialenamt der Vögte im nach ihnen benannten Vogtland, im Osten des heutigen Bundeslandes Thüringen, aus.
https://de.wikipedia.org/wiki/Haus_Reuß

[OR4]   Gros-Saaren, Klein-Saaren - heutige Bezeichnung Saara

[OR5]   Gemeint ist offensichtlich Schloss Osterstein bei Gera

[OR6]   Dorf und Schloß Ehrenberg – in der Nähe von Altenburg

[OR7]   Remißau - nach Kartenlage ist der heutige Name Remse. Später wird im Text Remißau auf dem Weg von Glauchau nach Waldenburg beschrieben.

[OR8]   Waldenburg – eine Stadt nordöstlich von Glauchau

[OR9]   Hohenstein – heute Hohenstein-Ernstthal

[OR10] Die Forstliche Hochschule Tharandt ist eine traditionsreiche forstliche Bildungsstätte, die 1929 der Technischen Hochschule Dresden angegliedert wurde. Zwischen 1785 und 1795 im thüringischen Zillbach von Johann Heinrich Cotta als zunächst private forstliche Lehranstalt gegründet, übersiedelte diese mit ihm 1811 nach Tharandt. 1816 wurde sie Königlich-Sächsische Forstakademie, gehört heute als Fachrichtung Forstwissenschaften der Fakultät Umweltwissenschaften zur Technischen Universität Dresden und ist eine der ältesten forstlichen Fakultäten der Welt.
https://de.wikipedia.org/wiki/Forstliche_Hochschule_Tharandt

[OR11] Es gibt noch heute in Pirna einen Klosterhofpark und eine Kloster-
hofstraße. Das Schloss Sonnenstein existiert noch heute.

[OR12] Ottenwalde - heute Uttewalde

[OR13] Uttewalder Felsentor bei Wehlen

Register heute ungebräuchlicher Bezeichnungen

[UB1] Ziegenhainer - ein Wanderstock, wie ihn Wandergesellen nutzen.
Eingeführt wurde er durch die Jenaer Studenten und kam deutsch-
landweit bei Studenten zum Einsatz, ursprünglich wurde er in Zie-
genhain bei Jena hergestellt.
https://de.wikipedia.org/wiki/Ziegenhainer

[UB2] Attisches Salz - ein geistreicher Witz; scherzende, geistreiche, scharfsinnige Rede
https://www.redensarten-index.de/suche.php?suchbegriff=
~~attisches Salz

[UB3] Gevatter - heute Pate

[UB4] Rauchrok – ein altdeutsches Wort für ein Kleidungsstück und ein
Synonym für Schwalbenschwanz, Frack, Smoking
http://www.schlaraffia.org/druckwerke/schlaraffenlatein/

[UB5] Nankinghose - Vor allem im 19. Jahrhundert waren leichte Som-
merkleider aus Nanking beliebt. Gelbe Nankinghosen galten als ele-
gante, eng anliegende Kleidung.
https://de.wikipedia.org/wiki/Nanking_(Textilie)

[UB6] Camaschen – auch Gamaschen, es können auch große Schuhe gemeint sein.

[UB7] Castorhut - auch Kastorhut (vom lateinischen Castor „Biber") ist ein
aus Biberhaar gefertigter Filzhut. Der vom 17. Jahrhundert bis etwa
Mitte des 19. Jahrhunderts von Männern und Frauen getragene Hut
war ein Vorläufer des Zylinders. Als Bestandteil von Trachten wird
er bis heute getragen.
https://de.wikipedia.org/wiki/Kastorhut

[UB8] pie venerander - pflichtbewusst grüßen

[UB9] Marquer – Wirt/Lebensmittelverkäufer bei Soldaten, aus dem Französischen von Marketender abgeleitet

[UB10] gr. – Währung, - Groschen
http://wiki-de.genealogy.net/Abkürzungen_von_Münzen

[UB11] Hafeliren – vermutlich toben

[UB12] Hautboistencorps - als Hautboist (gesprochen: „Oboist") wurde zuerst ein Oboenbläser bezeichnet (nach hautbois, der Bezeichnung der Oboe im Französischen). Hautboist war ab der Klassik auch ein Offiziersdienstrang im Orchester und der klassischen Harmoniemusik, dessen Träger das Bläserensemble leitete.
https://de.wikipedia.org/wiki/Hautboist

[UB13] Suum cuique – Jedem das Seine – beschreibt seit Platon einen Grundsatz der allgemeinen Gerechtigkeit, wonach jeder das erhalten soll, was ihm auch wirklich zusteht.
https://de.wikipedia.org/wiki/Jedem_das_Seine

[UB14] Praeceptor – Hauslehrer https://de.wikipedia.org/wiki/Präzeptor

[UB15] rl - eine Abkürzung für Taler

[UB16] Chalcedon - ein nach der gleichnamigen Stadt in Kleinasien benannte Varität des Quarzes.
https://de.wikipedia.org/wiki/Chalcedon_(Mineral)

[UB17] Pflastergeld - Geld, das zum Pflastern bzw. zur Instandhaltung von Straßen genutzt wird.

[UB18] Amtsgeleite - offenbar eine Steuereinnahme, nur indirekt nachvollziehbar durch die Quelle: https://de.wikipedia.org/wiki/Heinzebank: August Schumann beschreibt 1816 im Staatslexikon von Sachsen Heinzebank u. a. so: „Das Gut steht unmittelbar unter dem Amte, gehet in Dresden zur Lehen, hat 20 Einwohner, 18 Kühe und 140 Schafe. Zu Heinzebank ist eine Chaussee-Einnahme und eine Amtsgeleits- und Acciseeinnahme des Amtes Wolkenstein."

[UB19] Steinmark - ein weiches, nicht fettig anzufühlendes, nicht abfärbendes, an der Zunge klebendes Mineral, chemisch ein wasserhaltiges Tonerdesilikat wie Kaolin, von weißlicher, gelber usw. Farbe, das sich besonders als Kluftausfüllung von Gesteinen bei Rochlitz in

Sachsen, am Harz, bei Schmiedeberg usw. findet.
Quelle: Meyers Konversations-Lexikon, 1888

[UB20] Ruhe in Frieden
https://de.wikipedia.org/wiki/Ruhe_in_Frieden

[UB21] Redouten – gemeint ist hier ein eleganter Maskenball, eine in Österreich noch heute verwendete Bezeichnung
https://de.wikipedia.org/wiki/Redoute

[UB22] Himmelfahrt – gemeint ist die Zeche „Himmelfahrt". Diese lieferte seit 1716 Erze, allerdings vorerst nur in geringem Umfang (1716–51: 140 Kilogramm). Das Grubenfeld dieses Bergwerkes wurde in der zweiten Hälfte des 18. Jahrhunderts durch Zuschlagung der „Abraham Fundgrube" (1752) und der „Alten Elisabeth Fundgrube" (1796) deutlich erweitert. Ab 1828 gelang das Anschlagen reicher Silberfunde an den Gangkreuzen verschiedener Erzgänge bzw. im neu entdeckten Erzgang „Neue Hoffnung Flacher". Die Zeche entwickelte sich in kürzester Zeit zum bedeutendsten Freiberger Bergwerk und zählte zu den größten Silberbergwerken Europas. Zwischen 1840 und 1896 hatte die Grube ein Silberausbringen von 448 Tonnen. Die Belegschaft stieg von 165 Mann (1831) auf 2.882 Mann (1856/60). Ende des 19. Jahrhunderts fuhren im Schnitt 1.500 bis 2.000 Mann auf der „Himmelfahrt Fundgrube" an.
https://de.wikipedia.org/wiki/Himmelfahrt_Fundgrube

[UB23] Toise - altes frz. Längenmaß, entspricht dt. Klafter mit etwa 1,949 m.
https://de.wikipedia.org/wiki/Toise

[UB24] Amalgamierwerk - Hüttenwerk zur Verarbeitung von Silbererzen auf dem kalten Weg unter Verwendung von Salz und Quecksilber (Amalgamation bzw. Amalgamierung). Dabei wurden silberhaltige Erze verarbeitet und die entstandenen Silberverbindungen nachfolgend zu Silber reduziert.
http://www.chemgapedia.de/vsengine/glossary/de/amalgam.glos.html

[UB25] Weibel - stammt von althochdeutsch weibil. Die Dienstgradbezeichnungen Feldweibel (Schweiz) beziehungsweise Feldwebel (Deutschland) sind desselben Ursprungs, ebenso das im Schweizerdeutschen

und Schweizerhochdeutschen gängige Verb (herum)weibeln - geschäftig umhergehen. Auch Bezeichnung für Bedienstete (wird z. B. im Bundestag verwendet).
https://de.wikipedia.org/wiki/Weibel_(Amtsdiener)

[UB26] Die Äolsharfe oder Aeolsharfe (auch Geister-, Wind- oder Wetterharfe genannt) ist ein Saiteninstrument, dessen Saiten durch Einwirkung eines Luftstroms zur Resonanz und somit zum Klingen gebracht werden.
https://de.wikipedia.org/wiki/Äolsharfe

[UB27] Ossian – die Figur aus einem keltischen Heldenepos. Sie wird Macpherson zugeschrieben. „Was Marx für den Marxismus und Freud für die Psychoanalyse ist Ossian für die ‚Ossianische Periode' oder - literaturgeschichtlich gesprochen -, für Sturm und Drang und Romantik, die beide maßgeblich von Macpherson beeinflusst werden." Quelle: Ossian zwischen Foucault und Fouqué : Wolf Gerhard
http://edoc.hu-berlin.de/hostings/athenaeum/documents/athenaeum/2005-15/singer-ruediger-247/PDF/singer.pdf

[UB28] Dorf Plauen – heute ein Stadtteil im Südwesten Dresdens
https://de.Wikipediapedia.org/Wikipedia/Plauen_(Dresden)

[UB29] Albina – neben Nicolaitina einer der schriftliche Reiseführer. Der dritte Reiseführer wird im Text nicht weiter genannt.

[UB30] Mandel – alte Maßeinheit , 1 Mandel = 15 Stück;
https://de.wikipedia.org/wiki/Alte_Maße_und_Gewichte_(deutschsprachiger_Raum)

[UB31] Otter - eine Schlange

[UB32] gemeint ist der siebenjährige Krieg, insbesondere der Sieg der Preußen über die Sachsen.
https://de.wikipedia.org/wiki/Siebenjähriger_Krieg

[UB33] Kierischgrund – damit ist das Kirnitschtal mit Kirnitschtalstraße gemeint und mit den drei Mühlen u. a. die Ostrauer Mühle (heute Campingplatz), Mitteldorfer Mühle (heute Gasthaus).

[UB34] Distichen - Das Distichon ist ein Zweizeiler, wobei der erste Vers ein Hexameter ist und die zweite Zeile aus einem Pentameter besteht.
https://de.wikipedia.org/wiki/Distichon

[UB35] Elogen - Lobreden

[UB36] Hirniskretschen - das heutige Hrensko in Tschechien

[UB37] Cavate – Höhle in einem Felsen
http://www.dictionary.com/browse/cavate

[UB38] Lore's Strom – Bezug auf den Rhein und die Loreley

[UB39] Demolirungsplatz – heute Antonsplatz am Westrand der Altstadt. Im November 1809 begann das Abtragen der Befestigungsanlagen, vermutlich auf Veranlassung Napoleons I. In der Altstadt waren die Wallanlagen zum Teil in Privatbesitz, auf dem Gärten angelegt waren. Im April 1812 wurden die Arbeiten eingestellt, ab 1813 jedoch eine neue Anlage gebaut. Auf Befehl des russischen Gouverneurs Nikolai Grigorjewitsch Repnin-Wolkonski wurde 1814 vom Schloßplatz aus eine Freitreppe durch Gottlob Friedrich Thormeyer zur Brühlschen Terrasse angelegt, die damit für die Öffentlichkeit zugänglich wurde. Im April 1817 wurden die Abbauarbeiten unter einer „Demolitionskommission" fortgeführt. Um 1829/1830 war die Entfestigung abgeschlossen.
https://de.wikipedia.org/wiki/Dresdner_Befestigungsanlagen

[UB40] Suade – Synonym für wortreiche Rede, Redeschwall

[UB41] Weichselzopf – auch Wichtel-, Wüchsel-, Schrötleins- oder Judenzopf, Haarschrötel, … Plica polonica genannt, ist die historische Bezeichnung für eine massive Zusammenballung verfilzter Kopfhaare zu einem unentwirrbaren Geflecht ähnlich den heutigen Dreadlocks, die im Extremfall auch das Haupthaar als Ganzes betreffen kann.
https://de.wikipedia.org/wiki/Weichselzopf

[UB42] Tempel Salomonis – Das imposante Modell des Salomonischen Tempels entstand Ende des 17. Jahrhunderts in Hamburg und wurde 1732 von August dem Starken erworben. Als Krönung der kurfürstlich-königlichen Sammlungen fand das hölzerne Tempelmodell – eines der bedeutendsten Architekturmodelle überhaupt mit einer Grundfläche von über 12 m² – im Wallpavillon des Zwingers seine Aufstellung, wo es über ein Jahrhundert als besondere Sehenswürdigkeit Dresdens bewundert wurde. Durch die Aufstellung des Modells zusammen mit weiteren Zeugnissen jüdischen Brauchtums sowie einer Modellsynagoge entstand das sog. „Juden-Cabinet" im Zwinger, das wohl erste jüdisch-ethnographische Museum der Welt überhaupt. 1910 kehrte das Tempelmodell nach Hamburg zurück und ist heute im Museum für Hamburgische Geschichte zu sehen. https://de.wikipedia.org/wiki/Hamburger_Tempelmodell

[UB43] Mosaisch – von Moses abgeleitet, gemeint ist ein jüdischer Gottesdienst

[UB44] Paroxismus – Ausbruch
http://synonyme.woxikon.de/synonyme/paroxismus.php

MIX

Papier | Fördert
gute Waldnutzung

FSC® C083411

Zeitfracht Medien GmbH
Ferdinand-Jühlke-Straße 7
99095 Erfurt, Deutschland
produktsicherheit@kolibri360.de